公開霊言　QUEENのボーカリスト

フレディ・マーキュリーの栄光と代償

Spiritual Interview with
Freddie Mercury

大川隆法
Ryuho Okawa

まえがき

　一体誰が、「ロック」の善と悪を分けられようか。
　一体誰が、「ロッカー」の天国性と地獄性を分けられようか。
　この世的には、もてはやされ、商業的収入が高ければ尊敬されるのが常である。小説などでもそうで、善悪は普通分からない。
　私自身も、つい最近まで、『ビートルズ』と『クイーン』の区別がたいしてついてなかった不明を恥じている。
　しかし、昨年から今年にかけて、霊的な影響力をもって全世界に波紋を広げている映画『ボヘミアン・ラプソディ』に接して、宗教家として一言、言っておかねばならないことがあることに気づいた。
　影響力の大きいものについては、それが天国に向かっているか、地獄に向かっているか、真実の宗教家には述べる義務があるということだ。詳しくは本書で、フレディ・マーキュリーやゾロアスター、ジョン・レノンの霊言を味読してほしい。

明日のあなた、未来のあなたがたの姿が想像できるはずだ。

2019年2月19日
幸福の科学グループ創始者兼総裁
大川隆法

公開霊言　QUEENのボーカリスト
フレディ・マーキュリーの栄光と代償
目次

まえがき　　　　　　　　　　　　　　　　　3

第1章　フレディ・マーキュリーの霊言①

1　「ゲイやエイズは神の罰なのか」知りたい　　15
フレディ・マーキュリーの霊は今どこに　　15
真実について聞きに来た　　20

2　ゾロアスター教徒として立派な行いをしたつもりだった　　26
神を信じ、感謝もしていた　　26
なぜ幸福の科学に来たのか　　31

3　〝ヒーローの自分〟が天国に行けていないことに納得がいかない　　38
貧しい人たちのためにお金を使って償いはした　　38
映画はゴールデン・グローブ賞を取ったのに　　43

第2章　ゾロアスターの霊言

1　LGBT問題をゾロアスターはどう見るか　51

フレディ・マーキュリーが
死後に迷っている理由とは　51

LGBTをゾロアスターから見ると？　56

モラル破壊、社会破壊につながるロックは「悪」　59

社会の潮流(ちょうりゅう)と社会を維持するための善悪観念　62

「影響力を持つ者は、
まねされてもいいような振る舞い方をすべき」　65

ある意味で〝教えを説きに来た〟
フレディ・マーキュリー　68

2　「善」と「悪」を分けるもの　71

芸能人には
「その活動が正義かどうか」のチェックが要る　71

幸福の科学はフレディについて
事実を伝える必要がある　74

今、「地球神」の考えが述べられるべき　78

善か悪かは、「人に勧められるべきものか、
そうでないものか」ということ　　　　　　　　　80

「善き思い、善き言葉、善き行為」
の実践が正しい人生　　　　　　　　　　　　　82

3　「自由」のなかに規範が必要　　　　　　　85

「ゾロアスターが地球に来たときの姿」とは　　85

芸能分野においても
自由は制限しないほうがいいが、規範は要る　　88

フレディ・マーキュリーのような
マイノリティーに対する考え方　　　　　　　　92

セクシュアリティが曲がっていくのを
加速することは「悪」　　　　　　　　　　　　95

マイケル・ジャクソンの事例を
どう考えるべきか　　　　　　　　　　　　　　97

4　もうすぐ社会風潮が硬派に変わる　　　　100

間違った風の吹かせ方をしないほうがいい　　100

今、ゾロアスターは、
どのような国を見ているのか　　　　　　　　101

代表して、フレディ・マーキュリーが聞きに来た？
                                        102

ドラッグ、マフィア、カジノに気をつけよ　　104

布施(ふせ)の心を教え、
仏教にも影響している「ゾロアスター教」　　107

第3章　フレディ・マーキュリーの霊言②

1　神々への反抗を歌いながら登場　　111
「神様なしのほうがいい」　　111
ゾロアスターもイエス・キリストも嫌い　　122

2　フレディ・マーキュリーの考える「愛」とは　128
ゲイになった理由は　　128
「愛とは『物質の世界』における『表現』である」　135
「愛は肉体を通じて表現しないといけない」　　141

3 自分は世界的に影響力があるから「神かもしれない」　146
「精神的な愛」や「心」についてどう思うか　146
自分には「影響力」や「力」がある　152
肉体的な愛にこだわるフレディ　156

第4章　ジョン・レノンの霊言

1 「フレディは悪魔の影響を受けていた」　163
ジョン・レノンとフレディ・マーキュリーの違いとは　163
フレディの曲がヒットした理由　168

2 今語られる、「Imagine (イマジン)」の歌詞の真意　173
「争いのために神の名を使うな」と言いたいだけ　173
愛を伝えるロックと破壊するだけのロック　176

3 地獄的音楽と天国的音楽を分けるものは 180
フレディは「集団憑依」をつくり出している 180
心の清らかさと
人を清める愛の力がなければいけない 184

4 「自己防衛を超える姿勢」や
「放棄(ほうき)すること」の大切さ 188

5 生前と現在の、
宇宙人とのコンタクトについて明かす 193
ジョン・レノンにはまだ地球で使命がある 193
エルヴィス・プレスリーは天国に還っているか 199

あとがき 204

「霊言現象」とは、あの世の霊存在の言葉を語り下ろす現象のことをいう。これは高度な悟りを開いた者に特有のものであり、「霊媒現象」（トランス状態になって意識を失い、霊が一方的にしゃべる現象）とは異なる。
　なお、「霊言」は、あくまでも霊人の意見であり、幸福の科学グループとしての見解と矛盾する内容を含む場合がある点、付記しておきたい。

第1章
フレディ・マーキュリーの霊言
①

2019年1月12日　幸福の科学 特別説法堂にて

フレディ・マーキュリー（1946 〜 1991）

イギリスのロックシンガー。ペルシャ系インド人でゾロアスター教徒の両親のもとに生まれる。大学卒業後、ロックバンド「スマイル」（後に「クイーン」にバンド名変更）に参加。「ボヘミアン・ラプソディ」「伝説のチャンピオン（We Are The Champions)」などを作詞・作曲した。世界中で大ヒットを記録するなか、エイズによる肺炎で45歳の若さで亡くなった。

質問者　※質問順
大川紫央（幸福の科学総裁補佐）
山見祐加（幸福の科学宗務本部担当専務理事）

［役職は収録当時のもの。以下同。］

第1章　フレディ・マーキュリーの霊言①

1 「ゲイやエイズは神の罰なのか」知りたい

フレディ・マーキュリーの霊は今どこに

（著者のところに何か霊がやって来たため、正体を探るべく、霊言を試みている。）

フレディ・マーキュリー（以降、フレディと表記）
ウーン、ウーン、ウーン、ウーン……。

山見祐加（以降、山見と表記）　どなたですか。

フレディ　アー、ハ、ウーン、ウーン、ウーン、ハ、ハ、ハ、ハ……。

大川紫央　「QUEEN（以降、クイーンと表記）」？

フレディ　ハ、ハ、ハ、ハ……。

大川紫央　クイーン？

フレディ　ハ、ハ、ハ、ハ（次第に歌うように）ハ、ハ……。I have a question.
（質問があるんだけど。）

大川紫央　Yes.
（はい。）

フレディ　Why is gay bad? God's punishment? I don't know the reason.
（なんでゲイ※が悪いわけ？　神の罰？　理由がわからない。）

大川紫央　Are you…
（あなたは……。）

フレディ　Why?
（なんで？）

●ゲイ　同性愛者のこと。

第1章　フレディ・マーキュリーの霊言①

大川紫央　Are you in Heaven?
（あなたは天国にいますか。）

フレディ　I don't know.
（わからない。）

山見　今どこにいるんですか。

フレディ　I don't know.
（わからない。）

大川紫央　Are you happy?
（あなたは幸せですか。）

フレディ　You, two... three, came to the movie.
（君たち、二人……三人で、映画〔「ボヘミアン・ラプソ

フレディ・マーキュリーの生涯を描いた映画「ボヘミアン・ラプソディ」（2018年公開／20世紀フォックス）

ディ」。以下同〕に来てたでしょう。)

大川紫央　Yes.
(はい。)

フレディ　And saw me.
(そして私のことを見たでしょう。)

大川紫央　Are you Freddie Mercury?
(フレディ・マーキュリーさんですか。)

フレディ　Mercury, yeah, Freddie.
(マーキュリーです、はい、フレディです。)

大川紫央　Freddie.
(フレディですね。)

フレディ　Freddie, yeah.
(フレディです、はい。)

第1章　フレディ・マーキュリーの霊言①

大川紫央　Hello.
(こんにちは。)

フレディ　Hi. Can you speak Queen's English?
(どうも。クイーンズ・イングリッシュ〔イギリス英語〕は話せる？)

大川紫央　I like "Champion."
(私は「チャンピオン」が好きです。)

フレディ　No, no, no, no, no.
(いや、いや、いや、いや、いや。)

大川紫央　[*Laughs.*] Your music.
(〔笑〕あなたの曲の。)

真実について聞きに来た

フレディ　Oh, "Champion" is OK, but I just want to ask you about the Truth, about God's Truth, what God's thinking now. You are the right person to answer my question. No one can answer me all over the United Kingdom. No one can answer me about that.
(ああ、「チャンピオン」はいいんだけど、真実について、神の真理について聞きたいんですよ。神は今、どう考えておられるのか。あなたが私の質問に答えてもらうのにふさわしい方なので。イギリス中で答えられる人は誰もいないから。誰もそれに答えられなくて。)

大川紫央　Gay?
(ゲイに関してですか。)

フレディ　Gay, AIDS, are these two punishments from God or not? Zoroaster… the religion of Zoroaster never referred to that.

第1章　フレディ・マーキュリーの霊言①

(「ゲイ」と「エイズ」、この二つは神の罰なのか、どうなのか。ゾロアスター……ゾロアスター教では、その点にまったく言及していなかったし。)

大川紫央　Ah, Jesus Christ said.
(ああ、イエス・キリストはおっしゃっています。)

フレディ　Jesus Christ said nothing.
(イエス・キリストは何も言ってないよ。)

大川紫央　Ah, now.
(ああ、今は、おっしゃってるんです。)(注。イエスは霊言のなかで、ＬＧＢＴについて「自由であるが、全体が退廃していくなら悪なるものに転化する」という趣旨で述べている。『イエス・キリストに聞く「同性婚問題」』〔幸福の科学出版刊〕参照。)

フレディ　Now?
(今?)

●ゾロアスター教では……　ゾロアスター教は、紀元前8世紀頃、ペルシャのゾロアスターが始めた宗教。その聖典『ゼンド・アヴェスター』には、「男が女と寝るように、あるいは、女が男と寝るように、男と寝る男は悪魔である」とある。

大川紫央　Yeah.
（はい。）

フレディ　I don't know.
（知らないよ。）

大川紫央　何年前だったかな。

フレディ　I don't know.
（知らない。）

山見　うん、言われてますよね。

大川紫央　あのね……。

フレディ　Why? Is it bad? Punishment? He perished me?
（なんで？　いけないの？　罰なの？　私は滅ぼされたわけ？）

第1章　フレディ・マーキュリーの霊言①

大川紫央　No, no. But...
(いえ、違います。ただ……。)

フレディ　As you know, I sang many songs and I gave a lot of love all over the world. I did a lot to save the people who suffered from AIDS, and I myself died from AIDS. But...
(知ってると思うけど、私はいろんな歌を歌って世界中に多くの愛を届けたんだよ。エイズで苦しむ人を救うために、いろいろやったし、自分もエイズで死んだけど……。)

大川紫央　それは自分の衛生が悪かったからでしょう。

フレディ　Please teach me. What is the main point of my sin? I might have done something wrong.
(教えてくださいよ。何が私の一番の罪なのか。何か間違ったことをしたかもしれないから。)

●エイズで苦しむ人を救うために……　フレディは亡くなる前、「ボヘミアン・ラプソディ」の印税を、イギリスのエイズ患者支援団体に寄付するよう遺言していた。

大川紫央　じゃあ、どうして神様は、男と女を創ったと思います？

フレディ　I don't know, but my fans are both men and women, so I need to love both of them.
（知らないけど、私のファンには男も女もいるから、両方とも愛する必要があるんだよ。）

大川紫央　たぶん、ゲイが悪かったんじゃなくて、何かほかのところに原因があるんじゃないですか。生き方とか。

フレディ　Ah, you mean drugs or drinking?
（ああ、要するにドラッグとか、酒を飲んだこととか？）

大川紫央　まあ、ちょっと廃人(はいじん)になってましたよね。

フレディ　Yes, yeah.
（はい、ええ。）

大川紫央　たぶん、プレッシャーとか緊張とか、たくさんあったはずだから、ちょっと、普通の人は、普通ではいられませんよね。

山見　すごく精神力が要るんじゃないですか。

フレディ　But as you saw, thousands or tens of thousands of people got much pleasure from our activities, so it's not bad, I guess so.
(でも、見たでしょう。私たちの活動をすごく楽しんでくれた人が何千人も何万人もいたんで、それは悪いことではないんじゃないの。)

2　ゾロアスター教徒として立派な行いをしたつもりだった

神を信じ、感謝もしていた

大川紫央　でも、映画を観るかぎり、自分の生い立ちとかに、ちょっと反発心はあったかな。

フレディ　Yes, of course.
(そりゃあ、あったけど。)

大川紫央　神様に感謝はできていましたか。

フレディ　In conclusion, yeah, I did.
(うん、最終的には、できてましたよ。)

大川紫央　うーん。あなたはどの神様を信じてるんですか。

第1章　フレディ・マーキュリーの霊言①

フレディ　Zoroaster.
（ゾロアスター。）

大川紫央　ゾロアスター様でいいの？

フレディ　Hmm.
（うん。）

大川紫央　アフラ・マズダー？

フレディ　Through Zoroaster, Ahura Mazda, ah, yeah.
（ゾロアスターを通してアフラ・マズダー、ああ、そう。）

大川紫央　おそらくその方はたぶん、イエス様の言う「天なる父」とつながってるんです。

フレディ　Yeah, I think so.
（ああ、そうだと思うよ。）

●アフラ・マズダー　ゾロアスター教における最高神。光の神とされる。

大川紫央　だから、あなたはたぶん、創造神を信じてるんですよね。

フレディ　I think so. So if I believe in Zoroastrianism, it's not bad, I think so. It's OK. It came from God also. It's an old, old religion, more than Christianity. But it's one of the religions that came from God, so it's not bad. It's not my punishment. I did great things as a Zoroastrian believer, but I named my team Queen. Was it rude to Queen Elizabeth? Was a bisexual or gay tendency bad for the name "Queen"? Or…

　Aaah… I could not complete my marriage because… My tendency was directed to love men instead of women, but I got married like a Christian, so I did a bad thing to my wife. But my wife herself got a boyfriend, and a baby, so it's not my sin only. I forgave her. It's not my sin, I think so. God permit me, I hope so.

　Why did you come to see the movie of Queen?
（そうだと思うよ。だから、ゾロアスター教を信じたか

第1章　フレディ・マーキュリーの霊言①

らって悪くないと思う。大丈夫なのよ、やっぱり神から来てるんで。古い古い宗教で、キリスト教より前だけど、神から来てる宗教の一つだから悪いものではないんです。それは私の罰じゃない。私はゾロアスター教徒として立派な行いをしたのに、バンドに「クイーン」という名前を付けたのがエリザベス女王に対して失礼だったわけ？バイセクシュアルやゲイの傾向が「クイーン」という名前には、まずかったのかな。それか……。

　ああ……結婚生活は全(まっと)うできなかったけどさ（注。フレディにはメアリー・オースティンという生涯の恋人がいて、正式には結婚していなかったが、フレディ本人は「事実上の妻」と言っており、映画でも結婚したように描かれていた）。だって……。自分の傾向性が、女性じゃなくて男性を愛するほうに向いてたのに、キリスト教徒風に結婚したんで、妻には悪いことをしたよ。でも、妻は妻でボーイフレンドをつくって子供も産んでるから、私だけの罪じゃない。妻のことは許したし。私の罪じゃないと思う。神が認めてくださることを願ってる。

　なぜ君たちは、クイーンの映画を観に来たの。）

●バイセクシュアル　男性に対しても、女性に対しても、性的な欲求を持つ人のこと。

大川紫央　Because this movie got a Golden Globe and many, many people went to see this movie.
(この映画はゴールデン・グローブ賞を取ったし、すごくたくさんの人が観に行っていたからです。)

フレディ　Golden Globe? Yeah, yeah. I know, I know, I know, I know, I know. People of the world had sympathy for me.
(ゴールデン・グローブね。はい、はい、そう、そう、そうなのよ。世界中の人が共感してくれたんだよ。)

大川紫央　それはすごかったと思います。たぶん、その裏で、たくさんそういう、大きな仕事をするために、ちょっと〝ハイになった〟ところが、多少はね、ちょっと乱れたよね。

フレディ　It's an English try?
(英語に挑戦したね。)

●ゴールデン・グローブ賞　アメリカの「ハリウッド外国人映画記者協会」が、テレビと映画の優秀作品を選ぶ賞。地球をかたどった黄金の像が授与される。

第1章　フレディ・マーキュリーの霊言①

大川紫央　Yeah.
(はい。)

フレディ　I can understand. Why?
(意味はわかったよ。なんで?)

大川紫央　Because Master understands, you can understand.
(総裁先生にわかるので、あなたにもわかるのです。)

なぜ幸福の科学に来たのか

フレディ　OK. I found you. You are exceptional people, I found that. So this is Tokyo, right? I ask you not in the U.K. but in Japan, because I came here, Tokyo and Osaka, I have many Japanese fans. So I have some right to ask the Japanese people to save me.
(オーケー。君たちを見つけて、特別な人たちだってわかったのよ。ここは東京だよね。なんでイギリスじゃなく日

本でお願いしてるかって言うと、ここ東京や大阪には来たことがあって、日本人のファンもたくさんいるから、日本人に救ってくれるようお願いする権利があることはあるんです。)

大川紫央　すごいね。最後のコンサート、30万人だって。

フレディ　Yeah.
(そうだよ。)

山見　すごいね。

大川紫央　あなたは今どんな世界にいるんですか。死んだことは、わかってるよね。

フレディ　Yes, I passed away in 1991.
(はい、1991年に亡くなってますよ。)

大川紫央　And is your world light or dark?

第1章　フレディ・マーキュリーの霊言①

（あなたの世界は明るいですか、暗いですか。）

フレディ　Light or dark?
（明るいか、暗いか？）

山見　どんな人が周りにいるんですか。

フレディ　I'm wandering, still wandering.
（迷ってます。まだ迷ってる。）

大川紫央　迷ってるの？　まだ。

フレディ　Wanderer. I'm a wanderer.
（放浪者。〝迷い人〟なのよ。）

大川紫央　ポール・マッカートニーさん（ビートルズの元メンバー）は知ってますか。

フレディ　I know his name.
（名前は知ってるよ。）

大川紫央　Know his name.
(名前は知ってると。)

フレディ　I'm wandering.
(迷ってる。)

大川紫央　なんでwandering（迷ってる）なの？
Why? Why or what? What point?
(なぜ？　なぜ、というか何を？　どういう点で？)

フレディ　I'm seeking for the reason as I told you already.
(さっきも言ったけど、その理由を探してるんだって。)

大川紫央　ああ、ゲイが悪かったかどうかですか。

フレディ　Is it punishment or not?
(罰なのか、どうか。)

第1章　フレディ・マーキュリーの霊言①

大川紫央　なんで……。

フレディ　AIDS is a punishment? Gays should have punishment?
（エイズは罰なの？　ゲイは罰を受けないといけないの？）

大川紫央　わかった。あなたのエイズは、乱交パーティーをしすぎた罪。

フレディ　Ah.
（ああ。）

大川紫央　わかります？　だから、ゲイが悪いとかいう以前に……。

フレディ　Ah.
（ああ。）

大川紫央　たぶん、乱交パーティーをしちゃったからですよ、いっぱい。不特定多数の人と関係を持ちすぎちゃった。

フレディ　But it was a tendency. A tendency from my original character.
(でも、それは傾向性だから。もともとの性格から来る傾向性だから。)

大川紫央　あなたの「魂のきょうだい」、わかります？

フレディ　I don't know.
(わからない。)

大川紫央　Past life（過去世）は？

フレディ　I don't know.
(わからない。)

●魂のきょうだい　人間の魂は「本体の霊が１名、分身の霊が５名」の複数の個性からなるグループによって形成されていて、これを魂のきょうだいと呼ぶ。魂のきょうだいの１人が、地上に生まれた人の守護霊を務めている。

大川紫央 そうか。でも、お父さんとお母さんはインド人だから、「生まれ変わる」とか、わからない?

フレディ Hmm, I can understand.
(うん、意味はわかる。)

大川紫央 わかる? あなたは女性として生まれたことはあったりしますか。

フレディ I don't know.
(わからない。)

大川紫央 わからないか。でもきっと、ゲイじゃなくて、たくさんの人といろいろ関係を持ったために、エイズになっちゃったんですよ。それは、異性と不特定多数の関係を持っても、なる可能性がある。

3 〝ヒーローの自分〟が天国に行けていないことに納得がいかない

貧しい人たちのためにお金を使って償(つぐな)いはした

フレディ　I know, I know. But I did a lot to rescue the people who are suffering from AIDS all over the world, especially who live in Africa. So I made compensation. It was not enough? The songs of Queen are still loved by the people of the world, as you know. Is it a bad thing?
(それは知ってるけど、私は全世界の、特にアフリカのエイズ患者を救うためにいろいろやったから、償(つぐな)いはしたのに、十分じゃなかったのかな。クイーンの歌が今でも世界中の人に愛されてるのは知ってるでしょう。それは悪いことなの?)

大川紫央　No. Good thing.
(いいえ。いいことです。)

●全世界の……　フレディの死後、クイーンの残されたメンバーが、エイズを撲滅するために世界規模で活動する慈善団体「マーキュリー・フェニックス・トラスト」を立ち上げている。

第1章　フレディ・マーキュリーの霊言①

フレディ　If it's a good thing, I must be in Heaven. But I'm wandering.
(いいことなら、天国にいなきゃいけないのに、迷ってるんだよ。)

大川紫央　あれですよ、あなたがゲイのときに、まだ世界にゲイが知られてなさすぎて……。

山見　うん、そう。今ならまだ……。

大川紫央　たぶん、イギリスでは〝異質な自分〟の出自の、インド系というか、ちょっとそこでコンプレックスがあったでしょう？

フレディ　Yeah.
(あったよ。)

大川紫央　で、さらにその上、自分がゲイであることに気づいて、たぶん「人から責められてるんじゃないか」っ

ていう被害意識が、たくさん自分のなかに生前あったんじゃないですか。

フレディ　But I got, through this movie, the Golden Globe Award and next it's scheduled to get the Academy Award. Such a person should go to Heaven, but I'm still wandering around this world, so I want to ask God the reason why. You are almost God-like people, I think. So you must have answers.
（でも、私はこの映画を通してゴールデン・グローブ賞を取ったし、次はアカデミー賞も取る予定で、そういう人間は天国に行かないといけないのに、まだこの世で迷ってる。だから神に理由を聞きたい。あなたたちは神様みたいな人たちだと思うから、答えがわかるはずでしょう。）

大川紫央　じゃあ、音楽を通して人に何を伝えたかったんですか。

フレディ　Love.

（愛ですよ。）

大川紫央　ラブ？　どんなラブ？

フレディ　Love for everyone.
（すべての人への愛。）

大川紫央　隣人愛（りんじんあい）？

フレディ　Everyone. 300,000 people.
（すべての人。30万人への。）

大川紫央　まあねえ。それはわかりますよ。

フレディ　And I used the money to save the poor African people.
（そして、アフリカの貧しい人を救うためにお金を使ったんですから。）

大川紫央　じゃあ、心のなかはどうでしたか。心は落ち着いていましたか。Calm（平静）？

フレディ　[*Sighs.*]
（ため息）

大川紫央　ほとんどの人生における時間のなかで、あなたはどんな心でしたか。

フレディ　Hmm. I had of course a problem, calamity of fake-up problem. I behaved as a Christian Catholic person, but indeed I'm not. I behaved as a usual common man, but I'm not, indeed. After that it was revealed by the mass media and everyone knew about that and this movie also told you about that. I was gay and I suffered from AIDS and died in 1991.

　But what is the main concept of this movie? I did great things? I'm just a mad person? I'm just a stranger? I'm a wanderer? I don't know. I need God's voice.

(うーん。私にも問題があったことはありましたよ。ごまかして災難に遭ったから。カトリックのクリスチャンのふりをしてたけど実際は違ったし、普通の当たり前の男性のふりをしてたけど実際は違って、それからマスメディアにそれを暴かれて皆に知られてしまって、今回の映画でも、そのことを描いてたけどね。私がゲイで、エイズにかかって1991年に死んだってことを。

ただ、この映画のメイン・コンセプトは何なのか。私は立派なことをしたのか。単に頭のおかしいやつなのか。単なる変人なのか。迷える人間なのか。わからない。だから、神の声が聞きたいんですよ。)

映画はゴールデン・グローブ賞を取ったのに

大川紫央　じゃあ、アフラ・マズダーを呼んであげましょうか。

フレディ　Oh.
(おお。)

大川紫央　あなたが信仰しているのはアフラ・マズダーじゃ……。

フレディ　How... how dare you say so. Can you call Ahura Mazda? I never heard such a thing in these several decades!
（よく……よくそんなことが言えますね。アフラ・マズダーを呼べるって？　そんなの、この何十年で一度も聞いたことがない！）

大川紫央　[*Laughs.*] OK. Please calm down.
（〔笑〕大丈夫です、落ち着いてください。）
あなたは亡くなったあと、誰かに会いましたか。

フレディ　Oh. I have a lot of friends.
（ああ、友だちはたくさんいるよ。）

大川紫央　ゴースト？

フレディ　And some of them are dead. Yeah.
(もう死んだ人もいるけど。そう。)

大川紫央　友だちぐらい？　みんな天国にいましたか。

フレディ　I don't know.
(わからない。)

大川紫央　わからない？

フレディ　Around this world.
(この世のあたり。)

大川紫央　なるほど。かわいそうですね。あんなに人に愛されたのにね。

山見　うーん、そうですね。

フレディ　So, as you know, it's a Golden Globe and next

maybe the Academy, but such person, a hero, should not be wandering around this earth.
(だから、ご存じの通りゴールデン・グローブ賞だし、次はアカデミー賞かもしれないのに、そんな人間が、ヒーローが、この地上で迷っていてはいけないんですよ。)

大川紫央　でも、アフラ・マズダーを信じてたけど、イギリスで生きていくときに、それを恥ずかしく思っていたということですか。

フレディ　Of course. Of course.
(そりゃあ、そうだけど。)

大川紫央　でもキリスト教には改宗しなかった？

フレディ　But I made some good connection with my parents later on, so it's a not-so-big problem.
(ただ、最後のほうでは両親との関係はある程度よかったから、そんなに大きな問題じゃないです。)

大川紫央　じゃあ、ゾロアスターは信じてたということでいいですか。じゃあ、ゾロアスター様にお聞きしたらいいか。

フレディ　Then, please ask Zoroaster about gay and AIDS and my music. If you can. If you are a shaman, please call.
(じゃあゾロアスターに、ゲイやエイズや私の音楽について聞いてみてくださいよ。聞けるものなら。シャーマンなら、呼んでみてください。)

大川紫央　じゃあ、ゾロアスター様を呼んだら、あなたはその隣で聞けますか。聞けるかわからない？

フレディ　This is my first time, but I'll try.
(やったことはないけど、やってみます。)

山見　聞けますよ、たぶん。

フレディ　I'll try.
（やってみます。）

大川紫央　オーケー、じゃあ、ゾロアスター様をお呼びしてみましょう。

山見　はい。

大川隆法　OK. Then, I'll put him aside.
（オーケー。では、〔フレディ・マーキュリーの霊に〕どいてもらいますね。）

第 2 章

ゾロアスターの霊言

2019年1月12日　幸福の科学 特別説法堂にて

ゾロアスター（紀元前8世紀頃）
ゾロアスター教の開祖。古代イラン地方にて「善悪二元」の教えを説いた。その後、同じくイラン地方にマニ（215〜275）として転生し、マニ教の開祖となった。九次元存在。『太陽の法』第1章・第4章・第5章、『ゾロアスターとマイトレーヤーの降臨』第1章（共に幸福の科学出版刊）参照。

質問者 ※質問順

大川紫央（幸福の科学総裁補佐）

山見祐加（幸福の科学宗務本部担当専務理事）

第2章　ゾロアスターの霊言

1　LGBT問題をゾロアスターは
　　どう見るか

フレディ・マーキュリーが死後に迷っている理由とは

（第1章の収録からそのまま続けて収録。）

大川隆法　ゾロアスターよ。

　ツァラトゥストラよ。

　ゾロアスターよ。

　ゾロアスターよ。

　ゾロアスター教の教祖ゾロアスターよ。

　お呼びしております。こちらへ来て、幾つか返事を下さい。

　ゾロアスターよ。

　ゾロアスターよ。

　ゾロアスターよ。

（約5秒間の沈黙）

ゾロアスター　エル・カンターレ様、何をご所望でございますか。

大川紫央　ゾロアスター様でいらっしゃいますか。

ゾロアスター　はい。

大川紫央　今、「ボヘミアン・ラプソディ」という映画が世界で大ヒットしています。

ゾロアスター　はい。はい。知っております。

大川紫央　クイーンのフレディ・マーキュリーさんというメインボーカルの方がいらっしゃいます。すでに亡くなっているのですけれども、生前はゾロアスター教徒で

ゾロアスターを描いた絵画。

した。

　ただ、あれほど多くの人から愛されたにもかかわらず、今はまだ少し迷っているそうですが、自分でも何が悪かったのかがわからないとのことでした。フレディさんには、ゲイであることとか、いろいろあったようではありますけれども、ゾロアスター様からご覧になって、いかがでしょうか。

ゾロアスター　（ゾロアスター教は）「善悪」を明確にする宗教ですから。

　まあ、時代が違いますから、今の現象の判断が自分にできているかどうかはわかりませんが、私の考えから見れば、ゲイは「悪」です。

大川紫央　なるほど。

ゾロアスター　男は男。女は女。使命は果たさねばなりません。

大川紫央　現代の潮流に対しては、どうでしょう？

ゾロアスター　間違っていると思ってます。

大川紫央　なるほど。

ゾロアスター　イエスは甘すぎる。やっぱり、「パニッシュメント（罰）」は必要です。

大川紫央　つまり、フレディさんはゾロアスター教徒なので、そういう霊界においては、よりいっそう悪になってしまうということですか。

ゾロアスター　はい。本来、地獄に堕ちるべきところを、まだファンがたくさんいるために地獄には行かないで、地上を徘徊している状態です。

大川紫央　では、迷っている理由は、やはり、ゲイであるからですか。

ゾロアスター うーん。だから、「宗教的に罪を犯したのか」、それとも現代的には、要するに「偉人としての偉業を成したのか」。そのあたりのところの、この世の人の判断が揺れているから、わからないでいるということですね。

　(フレディの) お父さんは、「よいことをしなければ、よいところに行けないよ」ということを繰り返し言ってて、(息子は) 悪いことをしていると。

大川紫央 よい行い、よい思い……。

ゾロアスター 悪い行いをしてきているから、最後に、「エイズ(患者)を救うために」とか、あるいは、「アフリカの難民を救うために」とか、チャリティーをやって、よいことをしたつもりで、「これで許される」と思ったけど、まだ地上を徘徊しているから、その理由を神に求めている。

　しかし、自分では神に直接聞くことはできない。

●よいことをしなければ……　ゾロアスター教では、「善思、善語、善行(good thoughts, good words, good deeds)」の三徳を行うように教えている。

だから、数多い世界中の映画館で上映されているのにもかかわらず、満員であるにもかかわらず、そのなかからあなたがたを見つけて、ついてきた。
　それは、あなたがたにとっては光栄なことですけど、(彼は)「神につながれる」と思ったということですね。

ＬＧＢＴをゾロアスターから見ると？

大川紫央　フレディさんは、あれだけエネルギーがあるから、魂もエネルギーが大きそうですけどね。

ゾロアスター　ええ。でも、ロックンロールそのものはね、全部が地獄的とは言いませんが、まあ、8、9割は地獄的ですよね。

大川紫央　破壊行動のようなところはありますね。

ゾロアスター　破壊……というか、「モラル」の破壊、「体制」の破壊、「道徳」の破壊、「信仰体系」の破壊。

●ついてきた……　本書第１章参照。

要するに、「教会への恭順、従順さ」や「国王への従順さ」や「社会秩序への従順さ」「法律への従順さ」を破壊するエネルギーになってますね、ロックはね。
　全部とは言いませんよ。でも、たぶん8、9割はそうですね。
　だから、あのなかで、まあ、もちろん、歌を愛して、彼を愛した人は多いけど、そういう人たちが本当に道徳的に立派になり、社会的に立派になったかどうかは問題がありますわね。
　歌を愛するのはありがたい。ただ……。

大川紫央　いちおう彼のなかでも、観客の方々への愛はあったし、「愛を伝えたかった」とはおっしゃっていましたが。

ゾロアスター　そうですね。
　ただ、その愛がね、仏教的に言えば、いろいろ考え方はあるし、キリスト教的にも、愛のなかにも、やっぱり、

「欲」の部分はある場合がありますからね。

　この世で小さな者は、あの世で大きくなり、この世で大きな者は、あの世で小さくなる。

　彼は、この世で大きくなったから、あの世では小さくなっているわけで。

大川紫央　なるほど。悲しいですね。

ゾロアスター　キリスト教的に言えば、この世で大勢の人に聴いてもらえたから、彼が大きくなったわけではないし、大きくなった分、犯した罪には、個人の罪じゃなくて、広がった部分もあるかもしれない。

　だから、今、「ボヘミアン・ラプソディ」が、何て言うか、ＬＧＢＴ？　そうしたゲイやバイセクシュアル、トランスジェンダー、レズビアン等を拡散して、合法化する運動に使われているとしたならば、まあ、ほかの神様は知らないけども、私、ゾロアスター教の開祖ゾロアスターの考えから見れば、それは悪いことです。

大川紫央　なるほど。

ゾロアスター　そういうことが広がることで、法制度が進み、人の罪の意識が薄くなっているならば、それは悪いことです。それは、悪いことに追い風を吹かせていることになる。

　だから、それがグラミー賞をもらおうが、アカデミー賞をもらおうが、「神の掟(おきて)」からは許されない。

モラル破壊、社会破壊につながるロックは「悪」

大川紫央　では、ゾロアスター様としては、この映画はヒットしないほうがよかったんでしょうか。

ゾロアスター　だから、彼はヒットして、要するに、教祖のように信仰されるから、（あの世で）自分も天使なら、それは、まあ、いいです、納得いくけど。

　そうなっていないから、「なんでか」と聞きに来てるわけですよ。

大川紫央　かわいそうにね。

ゾロアスター　イエスは（LGBTについて）明確に善悪を述べてないからね。

大川紫央　いちおう、霊言では、「悪いところもある」とおっしゃってはいましたが。

ゾロアスター　まあ、自分がちょっとね、あまり道徳的でなかったからね、イエスもはっきり言いたくないのよ。

大川紫央　（笑）なるほど。

山見　（笑）

ゾロアスター　現代社会のものを法律的に言うと、ちょっとイエスも怪しい。

●霊言では……　前掲『イエス・キリストに聞く「同性婚問題」』参照。

第2章　ゾロアスターの霊言

大川紫央　怪しいですね。

ゾロアスター　怪しいところがあるから、あんまり言えない部分がある。いいことをいっぱいしたから、それは〝帳消し〟になった。

大川紫央・山見　（笑）

ゾロアスター　だから、イエスは言いにくいのね。
　仏教だと、仏陀は、やっぱり、ちょっとよくないということは言ってるので、そういうイレギュラーなのは。
　まあ、『旧約聖書』でもソドムやゴモラの男色とかね、そういうのは、やっぱり否定されている。原爆みたいになって、塩の柱になっちゃうもとになる。
　だから、これは宇宙か神か知らんが、「滅ぼした」と見えるからね。
　今は、そういうロックミュージックもいろいろあるけども、それが社会破壊運動になって、モラルを破壊して、

●ソドムやゴモラ……　『旧約聖書』の「創世記」に出てくる都市。性の乱れが甚だしく、その罪により、天から降る火と硫黄によって焼き滅ぼされた。

信仰もすごくイージーなほうへ流れていく方向になる。「大勢が集まれば正義になる」ということで、デモの代わりにね、そういうロックコンサート等がやられて、道徳を麻痺(まひ)させて、みんなも裏ではドラッグをやったり、深酒をして、社会生活を営めないようになって、家庭崩壊が起きたり、いろいろ起きているなら、やっぱり「悪」なので。

　やはり、これは、ゾロアスター教であるか、そうでないかを問わず、一般的には宗教は嫌がる傾向ですね。

社会の潮流と社会を維持するための善悪観念

大川紫央　彼は、どうすれば天に還(かえ)れますか。

ゾロアスター　うーん……。

大川紫央　どういう反省行(ぎょう)というか……。

ゾロアスター　そして、クリスチャンだとね、火葬された

りすると、なんか地獄に堕ちてるように思う人はいっぱいいるんですよね。(フレディは)火葬してるから。

でも、仏教徒も火葬されてるよね。

大川紫央　そうですね。日本では皆、火葬しています。

ゾロアスター　うん、うん。まあ、それはねえ。

大川紫央　どうすればいいのでしょう。

ゾロアスター　だから、〝すがって来た〟んでしょうから。ゾロアスター教とキリスト教で救われないので、幸福の科学に聞きに来たんでしょう？

あなたがたは明確な方針を出してないよね。世界の潮流が、もうそっちに行くんだったら、あんまり言われると信者が増えないから言わないし。

政治的にも、そういうことを言ってる政治家たちは週刊誌とかに叩かれて、ＬＧＢＴを応援してる人たちからＳＮＳとかいろんなもので〝吊し上げ〟を食って、弾劾、

人民裁判をやられて、そっちのほうが〝魔女狩り〟をやられているからね。

　大川隆法なら、いつもはそちらを反対するのに、今回は反対しないで黙っている。ちょっと〝ずるく〟なったね。

大川紫央　そんなことはありません（注。本収録のあとの2019年1月26日、広島市での講演「未来への希望」のなかで、人間は転生輪廻のなかで男女どちらにも生まれることがあるので、今世生まれた性で今世を生き切ることが原則であり、ＬＧＢＴの権利を主張しすぎることには一定の歯止めが必要との考え方を示した。また、2016年刊の『正義の法』第5章〔幸福の科学出版刊〕でも同様の見解を述べている）。

　ただ、おそらく、実際は、ＬＧＢＴを応援する人の数が増えているんですよね。

ゾロアスター　だから、合法化ということになれば、要するに、麻薬だって増えるに決まってるし、お酒だって、もちろん、未成年でも飲んでもいいってなるし。

第2章　ゾロアスターの霊言

大川紫央　ただ、麻薬やお酒だと、確実に性格が歪(ゆが)んだりするなど、生活に支障が出るのはわかりますが。

ゾロアスター　でも、みんな、ドラッグでもお酒でも、個人の人体が「健康か、不健康か」は自分自身の問題だし、身近な人には影響するけど、社会的には犯罪をしている気はあんまりないのね。体に悪いものを摂取(せっしゅ)しているという感じはあるけどね。

「影響力を持つ者は、
まねされてもいいような振る舞い方をすべき」

大川紫央　あと、ドラッグもお酒も、他人(ひと)に迷惑をかけることがあるというのはわかりますが、それを除いて、単にゲイの方やレズビアンの方の場合には、性的な趣向というか、嗜好(しこう)だけのことになるので、そこをどの程度まで「悪」と見切ってよいのかというところはありますよね。

ゾロアスター　うーん、まあ、酒やドラッグがね、そういう倫理観を麻痺させる媒体にはなっていて、乱痴気騒ぎをしたら、なんかみんなで乱交パーティーをして、いろいろと男同士でとかね？　いろんなことをして、そういうのがうつっていって広がっているということだし。アフリカのエイズだって、もう手軽に金を稼ぐために、みんなね、職業でやってるようなこともいっぱい起きているからね。

やっぱり、いちおう、それはね、それを救うことも大事だけども、倫理的にもうちょっとまともにならないといけないところはあるのよね。

まあ、「民主主義」は、数が集まれば「正義」になるところがあるからね。

ロックコンサートみたいなのって、すっごい大勢の人が、酔ったように、ゾンビに取り憑かれたかのようになるからね。

〝教祖〟に祀り上げられると、それが、いいことのように……、その人生が肯定化されると、みんながそれに続こうとするわね。

だから、大勢の人の前に立って、「公人(こうじん)」となって影響力を持つ者は、やっぱり、まねされてもいいような振る舞い方をしなければいけないわけね。

大川紫央　そうですね。

ゾロアスター　少なくとも、それが公然と、社会悪や、あるいは、人類の未来を破壊するものを擁護(ようご)する方向に出ちゃいけないわね。個人的にミスをすることはあってもね。
　だから、それをはっきりゾロアスター教で教えていないから、「ドラッグもいけない」とも言っていないと思うけど……。

大川紫央　最近では、(「ドラッグはいけない」という話が)よく出てきて……。

ゾロアスター　お酒のほうはちょっと出てると思うけどね。
　お酒を禁じているものは中東が多い。やっぱり、いろんな諸犯罪のもとになるからね。

もちろん、認めている宗教もあるから、全部が「悪」とは言えないけど、まあ、限度を超えたら「悪」にはなるわね、家庭崩壊が起きるし。

大川紫央　そうですね。

ゾロアスター　ドラッグは、やっぱり、犯罪になっているところは多いけど、アメリカなんかもかなり緩くなってるね。

ある意味で〝教えを説きに来た〟フレディ・マーキュリー

ゾロアスター　でも、あの映画（前掲「ボヘミアン・ラプソディ」。以下同）では、まだ当時のアメリカにおいては、そういうセクシュアリティ（性的傾向）について、「歌詞から見て、あなた（フレディ）の持っている性的傾向が問題なのではないか」ということをマスコミから追及されていましたよね。

第2章　ゾロアスターの霊言

　それで、「もう、アメリカは嫌だ。イギリスに帰って（音楽を）やる」というような感じの〝あれ〟でしたね。だから、「一種の革命運動」にはなっているわけですよ。

大川紫央　おそらく、そうですね。ただ、現代だと、質問したそのマスコミのほうが、今度は〝串刺しに遭う〟感じですよね。

ゾロアスター　そう、そう、そう、そう。今はそこまで行っているんだけれども。
　彼（フレディ）は今、まさしく、あなたがたに、ある意味で、「救いを求めに来た」けれども、ある意味では、あなたがたに〝教えを説いている〟わけです。
　やっぱり、「『ゲイでも、スターになれば神様になれて、みんなが信仰したら、フォロワー（信者）がついてくるからいいんだ』というようなカルチャーを広げると、苦しいことにはなるよ」ということを、彼は教えに来たわけです。

大川紫央　なるほど。

ゾロアスター　あなたがたに具体例を示しに来たわけですよ。

大川紫央　わかりました。

第 2 章　ゾロアスターの霊言

2 「善」と「悪」を分けるもの

芸能人には「その活動が正義かどうか」のチェックが要る

大川紫央　では、やはり、芸能活動を通しても、善なるものが広がるか、そうではないものが広がるかで……。

ゾロアスター　そう、そう。戦っているんでしょう？

大川紫央　それによって、「やるかどうかを決めなくてはいけない」というのが、たとえ大きくヒットしたとしても、通じる真理であるということですね？

ゾロアスター　そう、そう。だからね、「賞をもらったり、大勢の人が観たり、儲かったりしたから、正義」というわけではない。「儲かった映画は正しくて、儲からなかった映画は悪」というわけではない。

大川紫央　また、「どれほど人から愛されたか。その人数が多いから」といって……。

ゾロアスター　「愛された」といっても、その「愛」の意味がね、「ジーザス・クライストが愛されたような愛され方」や、「仏陀が尊敬されたような尊敬」とは違う意味での〝ヒーロー〟が、今、いっぱい出ているけれども、それは、いちおう、ヒーローとしてチェックを受けなければいけないということだね。

大川紫央　なるほど、なるほど。

ゾロアスター　「正統なヒーローか、そうでないか。正統なヒロインか、そうでないか」という。ですから、日本でも、芸能人などが犯罪を犯した場合は、テレビのワイドショー等で追及されているでしょう？

大川紫央・山見　ええ。

ゾロアスター　なぜかというと、やっぱり、「青少年に影響を与えて夢を壊すことになるので、そういうことをしてはいけない」ということでしょう？　無名のうちはともかく、有名になったら、そういうふうになっているでしょう？

大川紫央・山見　はい。

ゾロアスター　人の模範にならなきゃいけないわけだからね。それは、仕事にかかわらず、影響力があれば、そういうことになるわね。
　「個人の健康を害したら」とか、「早死にしたかったから、いいんだ」といっても、自殺したって罪だけれどもね。自殺でも罪だけれども、その自殺をほかの人に勧めるような感じの人生破壊を広げているようでは……。

大川紫央　そういった意味で駄目、と？

ゾロアスター　いけないということかな。

大川紫央　なるほど。

ゾロアスター　だから、「ロックが大勢の人に愛されて、世界に広がったというだけでは、許されていない」ということです。

幸福の科学はフレディについて事実を伝える必要がある

ゾロアスター　あなたがた（幸福の科学）は、これを事実として伝える必要があるということだな。

大川紫央　なるほど。わかりました。

ゾロアスター　それについて、幸福の科学ははっきり発信していないし、おそらく、信者・会員のなかにはＬＧＢＴくらいはいるでしょう。
　日本も、「7、8パーセントいる」とか、「法制化して認めよう」とかしていて。

野党はそちらを推していて、与党のほうは、それを追及されると、もう〝魔女狩り〟に遭ったようになっているけれども。やっぱり、あなたがたは、本来の仕事をきちんとしなきゃいけないのではないかな。

　もちろん、自由のなかには、そういうものも入っているのかもしれないし、まあ、個人個人にはいろいろと選び方はあるけれども、「それを社会全体に広げてよいか、悪いか」という判断はあるわけです。

山見　そうですね。

ゾロアスター　やっぱり、クイーンのボスだった彼（フレディ）のような人生をみんなにまねされたら、社会は崩壊する。

大川紫央　うーん、そうですね。

ゾロアスター　だから、それはいけないんですよ。
　いや、彼は、たまたまね、大勢の前で歌を歌ったり、

ベストアルバムを出したりする影響力のために、〝脳のネジ〟が少し緩んでしまって、麻痺させなきゃやれないところまで来ていたからね。

　個人生活のところで、友人には支えられて助けられたところもあって、最後にそれをお返ししたつもりではいたんだけど、でも、その前のところがね。

　あの映画でも、やっぱり、いいほうにいくかどうかは、ちょっとわからないですねえ。

　それは、ビッグネームになれば、チャリティーコンサートもできるし、自分の名前で財団をつくることもできるけれども、「それまでの途中を、みんなが見習っていいかどうか」のところはあったかもね。

　「ロックそのものが全部悪い」とは言わないですよ。もちろん、ストレス解消とか、社会的な不満は、あってもおかしくはないからね。

　ただ、それは、全部、肯定していいものではなくて、やっぱり、「8割、9割は危ない。そういうものが多い」ということは言える。反体制的になって、「礼節」とか「秩序」とか、「宗教的な教義」とか「神への信仰」とか

を疑わせるものが、多いことは多いね。

山見　はい。

大川紫央　ありがとうございます。

ゾロアスター　いや、こういうことをあなたがたが言わないから来ているわけです。（フレディの霊が）ここまで訪ねてこなくてはいけないということは、そうとう（これに関する教えが）枯渇しているよ。
　あなたがたがこれを言うことによって、アカデミー賞候補のあの映画とぶつからなくてはいけないのかもしれないけれどもね。

大川紫央　なるほど。

ゾロアスター　厳しいですね。だから、賞は諦めてでも、きちんと言うべきことは言わなくてはいけないのかもしれないね。

今、「地球神」の考えが述べられるべき

ゾロアスター　あなたがたの教えは、"God's Law"（ゴッズ ロー）（創造主の法）なんでしょう？

大川紫央　ええ。

ゾロアスター　だから、「地球神アルファは、こう考えている」ということを言わなくてはいけないんでしょう？ あの「宇宙の法」では言えなかった地球神の（お考えを）……。
　いろいろな種族があるので、みんな趣味が違うからね。例えば、「強い者が弱い者を食べて何が悪いの」というようにね。

大川紫央　ええ、そうなんですよ。

●地球神アルファ　地球系霊団の至高神であるエル・カンターレの本体意識の一つ。3億3千万年前、文明実験の過程で、他の惑星から飛来した宇宙種の人類と地球系の人類との間で対立が起きたため、両者を一つの教えの下にまとめるべく地上に降臨し、「地球的真理」を説いた。『信仰の法』（幸福の科学出版刊）等参照。

●「宇宙の法」　アニメーション映画「宇宙の法―黎明編―」(2018年10月公開、製作総指揮・大川隆法)。

第 2 章　ゾロアスターの霊言

ゾロアスター　うん。(ＬＧＢＴについても) それと同じでしょう？

大川紫央　ＬＧＢＴの星からも、この間 (2018年8月19日)、(ＵＦＯが) 来ましたから。

ゾロアスター　(そういう宇宙人が) いるんですよ。

山見　(そうしたリーディングが) ありましたよね。

大川紫央　きっと、(そういった星が) 宇宙にはあるんですよ。

ゾロアスター　あるんですよ。でも、「メジャー (多数派) ではない」んですよ。

大川紫央　そうですね。

●ＬＧＢＴの星からも……　2018年8月31日のUFOリーディングにおいて、ヘルクレス座から飛来した「ウクレレ星人」が、地球のLGBTの人たちを守護していることが判明した。『「UFOリーディング」写真集』(幸福の科学出版刊)参照。

山見　メジャーではない、と。

ゾロアスター　だから、「地球神は、どういうものをメジャーにしたいか」ということですね。

大川紫央　はい。

善か悪かは、「人に勧められるべきものか、そうでないものか」ということ

ゾロアスター　やっぱり、「人類が、酔い潰(つぶ)れたり、ヤク漬(づ)けになったり、殺し合ったりするような感じになってはいけないし、ああいうロックコンサートみたいなものが宗教の代替物(だいたいぶつ)になってはいけないのではないかな」と私は思うんですよ。ですから、宗教のほうが衰退しているんでしょう？

　それで、「クイーン」を名乗って……。それは英国女王の称号ですからね。クイーンを名乗って、英国を滅ぼすようなものになってはいけないのではないかな。

ヒットはしたし、お金は儲かったし、(クイーンを)好きな人はたくさんいる。けれども、(フレディは)成仏できない。これは一つの問題です。
　なぜできないのか。歌によっては、きちんと、みんなが(天上界に)上がっているものもありますよね。

大川紫央　やはり、去年(2018年)から続いた問題で、当会のなかでも起こりましたが。

ゾロアスター　なかでもありましたね。

大川紫央　ただ、それ(ロックコンサート)を実際にやって、多くの人の支持を得たとしても、その論理は崩れないというところですね。

ゾロアスター　それでも駄目だということですね。30万人が生ライブで見たとして、それで熱狂したとして……。

大川紫央　ファンを獲得したとしても……。

ゾロアスター 「それでもオーケーにならない」ということですよね。

大川紫央　そうですね、最終的に。

ゾロアスター　ええ。最終的にはね。
　だから、やっぱり、真理は単純なんです。善か悪かは、「人に勧められるべきものか、そうでないものか」ということなんですよ。

「善き思い、善き言葉、善き行為」の実践が正しい人生

ゾロアスター　この世に生まれて、何らの罪もない人間というのはいませんよ。だから、あることはあってもいいんです。ただ、やっぱり、影響力相応に判断しなくてはいけないのは、「小さな罪」と「大きな罪」のところなんです。
　それは、(フレディの) お父さんが言っていたことです

ね。ゾロアスター教で言えば、「善き言葉、善き行為（行い）……」。

大川紫央　「善き思い（考え）」。

ゾロアスター　ええ。「善き思い。これが人生だよ。これをしなくては駄目だ」ということです。これが正しいんです。

　彼は、最後には、それは家族からは誇りに思われたかもしれないけれども、家族のなかにも、「その死に方はおかしい」と見ていた人はいるだろうね。やっぱり、大きくなるために、自分を麻痺させて〝人を酔わせた〟ところはあるだろうということです。

　まあ、このへんについては、宇宙にはいろいろな考えがあるから、さまざまであって自由でもいいんだけれども、やっぱり、自由のなかにも、一定の原理、限度というか、「このようであったほうがいい」ということは、あなたがたは教えなければいけないでしょう。

　例えば、テレビ（ドラマのなか）のチャンバラで「人

斬(き)り」しても、それだけでは犯罪ではないけれども、実際に、人が剣で人を斬り始めたら、これは犯罪だわね。もし、それをテレビで勧めたら、それはいけないことですね。

　そういうことは、あくまでも、コウスティング（気晴らし）として見ている範囲内のことでしょう？

大川紫央・山見　はい。

ゾロアスター　だから、犯罪を〝打ち消すもの〟を、あなたがたはつくらなければいけないわけです。残念ながら、「クイーンは、悟りがそこまで行っていなかった」ということだね。いろいろなグループがあるから、（ロックの）全部がどうかは、これだけでは何とも言えないけれどもね。

3 「自由」のなかに規範が必要

「ゾロアスターが地球に来たときの姿」とは

大川紫央　「アフラ・マズダーに祈れば、エル・カンターレにつながる」と考えてよろしいですか。

ゾロアスター　うーん。(ゾロアスター教は) 少し古くなったから信者が少ないので力は弱いけれども、機能としては残っています。

大川紫央　ちなみに、ゾロアスター様にも、宇宙から来られたときがありましたよね。

ゾロアスター　ああ、ああ。

大川紫央　そのときのお姿は、どのようなものだったのでしょうか。

ゾロアスター　（約5秒間の沈黙）うーん……。

大川紫央　例えば、イエス様は「ヤギ型の宇宙人」だったりしましたけれども（『イエス・キリストの宇宙人リーディング』〔宗教法人幸福の科学刊〕参照）。

ゾロアスター　（約5秒間の沈黙）ここ（幸福の科学）は厳しいことを聞くね。

大川紫央　ごめんなさい。最近は、「ＵＦＯリーディング」もしているものですから、「ゾロアスター様は？」と思いまして。

山見　はい。よくしていますので。

ゾロアスター　いちおう、ユニフォーム的なものを着て、二本足で立って、顔は、うーん……、でも、ちょっと龍神に似ているかも。

●「UFOリーディング」もしている……　『UFOリーディングⅠ』『UFOリーディングⅡ』『「UFOリーディング」写真集』(いずれも幸福の科学出版刊)参照。

第2章　ゾロアスターの霊言

大川紫央　あっ、龍神系なんですね。

ゾロアスター　うーん。

大川紫央　なるほど。二本足で立てる龍神ですか。

ゾロアスター　はい。そうです。

大川紫央　珍しいですね。

ゾロアスター　顔だけは龍神っぽいんですね。

大川紫央　よく、鳥の翼が生えているゾロアスター様のようなお姿を……。

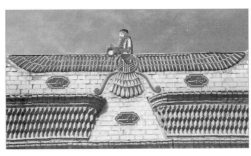

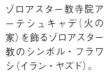

ゾロアスター教寺院アーテシュキャデ（火の家）を飾るゾロアスター教のシンボル・フラワシ（イラン・ヤズド）。

ゾロアスター　ああ、それはトランスフォーム（変身）した場合ですね。

大川紫央　あっ、では、「羽が生えて飛べる」ということですね？

山見　姿を変えられるんですか。

ゾロアスター　ああ、そう。トランスフォームして。天使みたい（な姿）にトランスフォームできるから。

大川紫央・山見　なるほど。

芸能分野においても自由は制限しないほうがいいが、規範は要る

ゾロアスター　これで、彼（フレディ）はいいんでしょうか。クイーン（の彼）は理解したかな？

大川紫央　もうわかったのではないでしょうか。

ゾロアスター　だから、彼がすべきことは何かと言うと……。映画がヒットすればするほど、〝危険度〟が増すわけです。

大川紫央　そうなんですね。

山見　危険ですね。

ゾロアスター　だから、あなたがたは、アカデミー賞だ何だと言っていますが、その結果だけで喜んではいけないということになりますね。

大川紫央　ええ。それはそうですね。

ゾロアスター　これで、私は何分話したのか知らないけれども……。

大川紫央　44分です。クイーン（フレディ・マーキュリー）の語った部分と合わせてゾロアスター様の……。

ゾロアスター　まあ、少ないけれども、貴重な貴重な、貴重な霊言として言わなくてはいけないね。

山見　ええ。重要ですね。

ゾロアスター　地球の神エル・カンターレ自身は、まだ「全体」については判断していないんだと思います。「音楽」や「芸術」、それから「映画」にも、いろいろなものがありますからね。全部にありますから。
　ただ、映画を半分、上映禁止にするような国も、これまた危ない国でしょう？

大川紫央　自由がない国ですからね。

ゾロアスター　だからね、それは、ある程度、認めなくてはいけないけど、「倫理規範に基づいて考えよ」というこ

とでしょう？

　例えば、映画になると、韓国とか北朝鮮とかだと、「かけられるもの」と「かけられないもの」とがあるでしょう？　中国も、「かけられるもの」と「かけられないもの」とがあって……。

山見　うーん、そうですね。

ゾロアスター　「抗日・反日ならかけられて、親日だったら、もうかけられない」と、そんなものでしょう？

　そういうこともあるので、自由をそう制限しないほうがいいんだけれども、その自由のなかに、「こちらの方向に導くべし」という規範は要るということですね。

　実は、あなたがたは、そのために映画をつくり、そのために音楽をつくっているのではないかな。そこが、今、あなたがたが、この芸術の世界でも〝神〟になろうとしている理由ではないかな。

　今は、それは、観た映画のほうが圧倒的に（よく）見えるだろうけれども、それは「過去」の映像だから。あ

なたがたがつくるのは「未来」だからね。あなたがたの出しているものから、「新しい芸術世界」は創られなければならないということです。

フレディ・マーキュリーのような
マイノリティーに対する考え方

ゾロアスター　ですから、クイーンの彼（フレディ）が迷っている姿を知って、人々に、「あなたがたは間違ってはならない」ということを……。

　例えば、あまり乱れた生活を送ったり、社会生活が困難になるようなことを起こしたりして、要するに、「社会が立ち行かなくなるようになってはいけない」ということですね。

　日本社会についても、寛容になろうとはしているんだろうけれども、そのマイノリティー（少数派）について言うと、幸福の科学も言っていることだけど、「〝人種〟差別はいけない」ということと、やっぱり、「そういう人は一部いることはあっても、それを広げることが神の意

志のように思ったら間違いだ」ということを言わなくてはいけない。

大川紫央　うーん、なるほど。

山見　そうですね。

大川紫央　それは、積極的に、「このほうがいいんだ」というのではなくて、「そちらを広げるのはおかしい」ということですか。

ゾロアスター　いや、「そういう人は、魔女狩りのように、みんなで火で焼き殺せ」というようなことは、それは……。

大川紫央　してはいけないけれども……。

ゾロアスター　やりすぎです。やっちゃいけない、彼らの権利もあるけど……。法律で保護して積極的に守らなく

てはいけない権利でもないし、「それを批判する言論を封殺することが正義だ」という、マスコミに出ている言論は間違っています。

やっぱり、正当・正常な社会……、まあ、「地球では、少なくとも、そのように創られているので、そちらのほうが大事だ」ということですね。「『そちらの人たちのほうが正しく生きている』という感じは持たなければいけないよ」ということでしょうか。

ただ、「自由」を言う以上、難しいんですけれどもね。「自由」と「民主」を言うだけでいくと、クイーンの音楽でも30万人も集まってこれるようだったら、みんな負けてしまいそうですよね？

大川紫央　うーん……。

ゾロアスター　そちらのほうが勝ちそうだけど。

ただ、やっぱり、最後は「信仰」があるわけで、「信仰的にはどうか」ということを、そろそろ言わなくてはいけないときは来ているかもしれませんね。

ですから、迫害まで行ってはいけないとは思いますが、「（それが広がることは）望ましい未来ではない」ということです。

大川紫央　はい。

セクシュアリティが曲がっていくのを加速することは「悪」

ゾロアスター　いや、あなたがたもね、たくさん、女性で一生を送るかもしれませんが、みんな、nun（尼）、nun……。

大川紫央　修道女？

ゾロアスター　「尼さん同士で、結婚すればいい」などという世界が、よいわけではないんです。

大川紫央・山見　そうですよね。

ゾロアスター　一部、そういう人が要る。尼さんも必要、修道士も必要です。それはそうです。

　ただ、みんながそうではないし、「女性だけで結婚」「男性だけで結婚」みたいなことをすればいいとか、あるいは……。

　まあ、これは、「共同生活」をするだけだったら、それほど大きな罪ではないとは思いますがね。老後などの不安もあるし、介護とか、そのへんのこともありますから、全部、否定できるものではないでしょう。ただ、セクシュアリティが曲がっていくのを加速することは、やっぱり……。

大川紫央　よろしくない？

ゾロアスター　「悪」だと思いますね。

　そういう人は、要するに、過去世が「女性」とか「男性」とか、違う性であって、「ちょっと（今世で）その気が出てきているもの」と、「憑依されてそうなっているもの」と、両方あります。

例えば、ドラッグと酒をやりすぎたら、憑依状態、憑霊状態になるので、本人の魂の生地(きじ)が出ているかどうかは、必ずしもわからないわけです。

大川紫央　そうなると、正常には生きられないですからね。

ゾロアスター　そうですね。

マイケル・ジャクソンの事例をどう考えるべきか

ゾロアスター　音楽アーティストでも、一定の信者というか、フォロワーズをつくれば、もう政治家などと同じような影響力を持ちますから、やっぱり、そのへんは大事にしなければいけないですよね。
　ですから、自分にロリコンの趣味があっても……、例えば、マイケル・ジャクソンだって、〝ロリコンの罪〟のところは警察に追い回されていたところでしょう。「遊園地をつくって、子供を誘拐しているのではないか」と

いって疑われましたけど、影響力のある人は必ずそうなるからね。

　だから、そういう教訓があったということを、一つ教えてあげる必要はあるのではないでしょうか。

　いや、あなたたちは、政治的にも活動しているから言いにくかろうけど、やっぱり、「『なるべく真っ当な道を歩め』と、古い宗教の人が言っておる」と。

大川紫央　やはり、イエス様も天照大神様も……。

ゾロアスター　天照様は、はっきりしています。

大川紫央　「それ（ＬＧＢＴ）が王道になってはいけない。それが王道になってきたら国が滅びていく。人類も終焉を迎える」というようなことはおっしゃっていましたね。

ゾロアスター　そう、そう。まあ、例外はあってもいいけれども、「性を三種類認める」とか、「四種類認める」と

●それ（ＬＧＢＴ）が王道に……　『イエス・キリストに聞く「同性婚問題」』『天照大神の未来記』（共に幸福の科学出版刊）参照。

か、あまり、そういうことを法律で認めて、国がそれを守るようになってくると、おかしくなってくる可能性はあると思うよ。

　例えば、「男性が女子大に入れる」というようなことを、あまり推し進めたら、きっとおかしくなってくるよ。

山見　そうですね。

4　もうすぐ社会風潮が硬派に変わる

間違った風の吹かせ方をしないほうがいい

ゾロアスター　今、ちょっと、社会が「軟化」しているから、そうなっているんです。でも、もうすぐ戦争等が始まる時代になるから、また〝引き締め〟が始まる。

　これは、神の大きな意志だから。〝引き締め〟が始まって、「男女がある理由」がはっきりする。

　そうなると、男は戦って死ななくてはいけない。女は、その代わり、死んだ人の分だけ子供を産んで、増やさなくてはいけない。そういう時代が、もうすぐ始まりますから。

大川紫央　なるほど。

ゾロアスター　いずれ、もうすぐ、社会風潮が「硬派」に変わります。ただ、その前に、「間違った（風の）吹かせ方をしないほうがいい」ということを、私はゾロアス

ターとして言っておきます。彼（フレディ）がゾロアスター教徒だったからです。

今、ゾロアスターは、どのような国を見ているのか

大川紫央　ゾロアスター様は今、やはり、中国等をメインで見ていらっしゃるんですか。

ゾロアスター　いや、いろいろなところを……。

大川紫央　あっ、いちおう、いろいろ見ていらっしゃるんですね。

ゾロアスター　中東や中国、アフリカ、まあ、ヨーロッパにもちょっと……。

大川紫央　へえ……。

ゾロアスター　日本には、ゾロアスター教徒はあまりいま

せんけれど（笑）。

大川紫央　そうですね。

ゾロアスター　でも、移民問題とか、いろいろありますから、これから、出現の可能性は多いとは思いますけどね。

代表して、フレディ・マーキュリーが聞きに来た？

ゾロアスター　いや、宗教家は頑張って持ち堪えなければいけませんよ。政治のほうは、票が減ると、みんな（言えずに）負けてくるから。

　あなたがたも政党を持っているので〝弱いところ〟はあるかもしれないけど、やっぱり、〝落ちてもいい政党〟というところを堅持することが大事ですね。「言うことは、きちんと言う」という。

大川紫央　でも、本当は、こういう「LGBT」のようなことは、やはり、神様がいらっしゃったらお聞きした

いテーマではありますよね。

ゾロアスター　そう、そう、そう、そう。

山見　そうですね。

ゾロアスター　だから、代表して、クイーンの彼（フレディ）が聞きに来たんだろうから。

大川紫央・山見　うーん。

ゾロアスター　「彼」だか「彼女」だか知らんけど、聞きに来たんでしょうから、「あれだけの人気があって、いまだ迷っている」ということでしょう。これは、スクープだよ。

山見　そうですね。

大川紫央　かわいそうにね。

ゾロアスター　かわいそうだね。だけど、まあ、いいことをしたというのは人生の最後のほうで、やっぱり、前半は、「迷い」のなかにあって、「偽(いつわ)りの人生」があったということだろうね。

大川紫央　なるほど。

ゾロアスター　だから、「あとに続く人は、少し引き締まらなくてはいけない」ということでしょうかね。

ドラッグ、マフィア、カジノに気をつけよ

ゾロアスター　日本も〝水際(みずぎわ)作戦〟でやっているけど、これから移民は増えてくるから、いろいろなものが入ってくるでしょう。だから、気をつけたほうがいいよ。
　もうすぐ、ドラッグ漬けになったり、マフィアが流行(は)ったり、そういう傾向が出そうだから、気をつけたほうがいいよ。東京にカジノをつくって、マフィアを呼び込もうとしているようだから。

大川紫央　勘弁してほしいですね。もう、遊びたい政治家は、自分が海外に行って遊んでくればいいでしょう。

ゾロアスター　ドラッグでお金を儲けようとするだろうし、危険だね。タイなんかも、そうとうドラッグでやられてるよ。

大川紫央　そうですね。「ドラッグ」と「同性愛」のところが連動する感じもありますものね。

ゾロアスター　それは〝裏経済〟をつくっているんですよ。正規に働いて稼ぐのではない、裏経済をつくっているんですね。

山見　そうですね。

大川紫央　そうなると、やはり、何かが働いている感じはしますよね。

ゾロアスター　やっぱり、そうは言っても、自己愛のほうに行っているんですよね。

大川紫央　そのへんが何か……。

ゾロアスター　それは、もう一つの音楽映画の「アリー／スター誕生」（2018年公開／ワーナー・ブラザース映画）でも、相手の彼はドラッグをやって、最後、自殺していたでしょ？　そういうところがあるので、やっぱり、無理はしているわけですよ。

　これは、そうした音楽界とか芸能界における商業主義だよね。「商業主義による堕落」かな。そういうところはあるんじゃないかな。

　まあ、「ゾロアスターの霊言」につながってしまったけど、そういうことです。

大川紫央　わかりました。

ゾロアスター　ですから、（フレディが）迷っているのは正

当性があるわけです。

山見　はい。

ゾロアスター　「ゾロアスターが、それを『イエス』と認めていない」ということですからね。

大川紫央　そうですね。

布施の心を教え、仏教にも影響している「ゾロアスター教」

大川紫央　ゾロアスター教のほうのお考えは、聞く機会が少なかったのですが、ゾロアスター様から直接お聴きできて幸いです。

ゾロアスター　（私は）「お布施の心」も教えてはいるんです。ただ、それは、彼（フレディ）も持ってはいましたけれどもね。

やっぱり、人間として、「善き考え、善き言葉、善き行動」を取れば善人として天国に入れ、間違ったら地獄に堕ちる。そういうことになっているので、簡単なんです。

大川紫央・山見　はい。

ゾロアスター　まあ、仏教にも影響していると思います。

大川紫央　わかりました。ありがとうございました。

大川隆法　以上です。意外に仕事になりました。

第3章

フレディ・マーキュリーの霊言
②

2019年2月1日　幸福の科学 特別説法堂にて

質問者　※質問順

大川紫央（幸福の科学総裁補佐）
神武桜子（幸福の科学常務理事 兼 宗務本部第一秘書局長）

第3章　フレディ・マーキュリーの霊言②

1　神々への反抗を歌いながら登場

「神様なしのほうがいい」

（著者のところに何か霊がやって来たため、正体を探るべく、霊言を試みている。）

大川紫央　Hello, hello.
（ハロー、こんにちは。）

フレディ・マーキュリー（以降、フレディと表記）
（荒い息づかい）

大川紫央　Hello, hello.
（ハロー、ハロー。）

フレディ　Ugh, ugh...
（ウー、ウー……。）

神武桜子（以降、神武と表記）　どなたですか。

フレディ　Ugh... ha... ha... ha... I don't know, I don't know.
（ウー……ハ……ハ……ハ……わからない、わからない。）

大川紫央　"I don't know."
（「わからない」ですか。）

神武　Who are you?
（どなたですか。）

フレディ　I don't know, I don't know.
（わからない、わからない。）

神武　Who are you?
（どなたですか。）

フレディ　♪ I don't know.

（わからない。）

神武　Are you a singer?
（歌手の方ですか。）

フレディ　♪ I don't know, I don't know.
（わからない、わからない。）

大川紫央　（前回の霊言で）ジョン・レノンさんが、内輪（幸福の科学職員）に対して怒ったところを（本に）載せる載せないをやっているのに対して（ジョン・レノンが）怒っているか、もしくはフレディ・マーキュリーさんがもう一回来ている可能性がある。

神武　〝アイ・ドント・ノウの歌〟を歌われている。

フレディ　♪ I don't know.
（わからない。)

●前回の霊言……『ジョン・レノンの霊言』（幸福の科学出版刊）第2章参照。

大川紫央　Do you know…
(あなたは……。)

フレディ　♪ I, I, I, I, I don't know.
(〔以下♪の箇所(かしょ)は、クイーンのヒット曲「We Will Rock You」などのメロディーで歌うように〕わ、わ、わ、わ、わからない。)

神武　フレディ・マーキュリー?

フレディ　♪ I, I, I, I, I don't know.
(わ、わ、わ、わ、わからない。)

大川紫央　Are you Freddie Mercury?
(フレディ・マーキュリーさんですか。)

フレディ　♪ I don't know.
(わからない。)

第3章　フレディ・マーキュリーの霊言②

神武　I am a huge fan of you.
（私はあなたの大ファンです。）

フレディ　♪I don't know. I don't know. I, I, I, I, I don't know.
（わからない。わからない。わ、わ、わ、わ、わからない。）

神武　You don't know why you are…
（わからないというのは、自分がなぜ……。）

大川紫央　もしかして歌つくってる？（笑）

フレディ　♪I, I, I, I'm king, king.
（俺は、俺は、俺は、俺は、キング〔王〕、キング。）

神武　（笑）

フレディ　♪Queen, queen. King, king. I am to be a king, king. A king, king. Ah, ah. I am ah, ah, I am what I am.

（クイーン、クイーン。キング、キング。俺はキングに、王になる。キング、キング。アー、アー、俺は、アー、アー、俺は俺なのさ。）

大川紫央　フレディ・マーキュリーっぽい。

フレディ　♪ Ah, ah, ah, ah, I am, I am.
（アー、アー、アー、アー、俺は、俺は。）

神武　"I am"... you are?
（「俺は」って……あなたは？）

フレディ　♪ Ah, ah, ah, I, I don't know. I don't know.
（アー、アー、アー、わ、わからない。わからない。）

大川紫央　No?
（わからない？）

フレディ　♪ Why, why, why, why, I don't know. I don't

know.
（なぜ、なぜ、なぜ、なぜ、わからない。わからない。）

大川紫央　「どうして私はさまよっているのか」わからないんですか。

神武　この間、ゾロアスター様がお答えを下さったじゃないですか。

フレディ　♪ I, I, I, I, I don't know. I don't know.
（わ、わ、わ、わ、わからない。わからない。）

神武　反抗してる。

フレディ　♪ Who is Zoroaster, I don't know.
（ゾロアスターって誰か、わからない。）

大川紫央　Are you John Lennon?
（ジョン・レノンさんですか。）

●この間……　本書第2章参照。

フレディ　I don't know.
（わからない。）

大川紫央　ジョン・レノン？

フレディ　♪ No, no, no, not John Lennon. Not John Lennon.
（ノー、ノー、違う、ジョン・レノンじゃない。ジョン・レノンじゃない。）

大川紫央　Are you Freddie Mercury?
（フレディ・マーキュリーさんですか。）

フレディ　♪ I am Mr. X, Ms. X, Mr. and Mrs. X. Sex, Mr. Sex. I am, I am Mr. X.
（俺はミスターＸ、ミズＸ、ミスター＆ミセスＸ。セックス、ミスター・セックス。俺は、俺は、ミスターＸ。）

大川紫央　クイーン（のCD）ないかな。（下の階に）降

ろしちゃったね。

フレディ　Mr. X.
（ミスターX。）

神武　ああ、降ろしちゃいましたね。

フレディ　♪ I don't know who I am, I am. I don't know.
（自分が、自分が誰なのか、わからない。わからない。）

神武　Why did you come here now?
（どうして今ここに来ているんですか。）

フレディ　Are you...
（君は……。）

神武　I love your songs.
（あなたの歌は大好きです。）

フレディ　… a man or a lady?
（男性？　女性？）

神武　I am a woman.
（女性です。）

フレディ　Woman!
（女性か！）

神武　But I used to be a man in my past life.
（でも以前は、過去世では男性でした。）

フレディ　Woman, but you like man and woman, both.
（女性だけど、男性も女性も両方好きでしょう。）

神武　I like El Cantare. I love El Cantare.
（私はエル・カンターレが好きです。エル・カンターレを愛しています。）

第3章　フレディ・マーキュリーの霊言②

フレディ　Oh, no, no, no, you must go to Hell.
(ああ、駄目、駄目、駄目、地獄に行かないといけない。)

神武　[*Laughs.*] Why?
(〔笑〕なぜですか。)

フレディ　♪ You don't, you don't, you don't, you don't. It's a dangerous, dangerous love. It's dangerous, dangerous, dangerous, never fall in love with God.
(いけない、いけない、駄目、駄目。それは危険な、危険な愛。危ない、危ない、危ない、神様には絶対、恋をしちゃいけない。)

神武　With God [*laughs*].
(神様には〔笑〕。)

フレディ　♪ Never fall in God, with God, God. Never fall in love with God, with God, with God. Without God is good, good, good, good..

（神様には絶対、しちゃいけない、神様には、神様には。神様には絶対、恋をしちゃいけない、神様には、神様には。神様なしのほうがいい、いい、いい、いい。）

大川紫央　神はないのがいいの？

神武　「神と恋に落ちてはいけない」と。

ゾロアスターもイエス・キリストも嫌い

フレディ　Oh, no, no.
（ああ、駄目、駄目。）

神武　神を愛する……。

大川紫央　「神への愛」と「恋愛」は違う。

フレディ　♪ I hate now... I hate Zoroaster.
（もう嫌い……ゾロアスターなんか嫌い。）

神武　ゾロアスター、嫌い？　ヘイト？

フレディ　♪ I hate, I hate.
(嫌い、嫌い。)

大川紫央　なぜ？

フレディ　♪ He has no mercy on me, on me, on me.
(慈悲をかけてくれないから、僕に、僕に。)

大川紫央　自分のことを天国に上げてくれなかったら嫌いなんでしょう。

フレディ　♪ Why he can't save me, me.
(なぜ僕を救えないの、僕を。)

神武　Do you love Jesus Christ?
(イエス・キリストは好きですか。)

フレディ　No.
（好きじゃない。）

神武　No!?
（好きじゃない!?）

フレディ　Of course not.
（好きなわけないでしょう。）

大川紫央　だから、さまよってるんですよ。天国に上がれないんですよ。

フレディ　Of course not.
（好きなわけないでしょう。）

大川紫央　神様、嫌いなんだ。

フレディ　No, no, no, no, no, no, no.
（嫌い、嫌い、嫌いだよ。）

第3章　フレディ・マーキュリーの霊言②

神武　You don't like God?
(神様は好きじゃないんですね。)

フレディ　God of punishment, I don't like god of punishment.
(罰する神、罰を与える神なんか好きじゃない。)

大川紫央　ゴッド（God）は愛の神ですよ。

フレディ　I don't know the God of love.
(愛の神なんて知らないね。)

神武　God of love is El Cantare.
(愛の神とはエル・カンターレのことです。)

フレディ　El Cantare denies us.
(エル・カンターレは僕たちを否定してる。)

神武　No, no, no, no. El Cantare loves you of course.

125

（いえ、いえ、いえ、いえ。エル・カンターレは、あなたたちのことも、もちろん愛していらっしゃいますよ。）

フレディ　Refused us. Refuser.
（僕たちは拒否された。拒否する人。）

神武　El Cantare loves all of us.
（エル・カンターレは私たち皆のことを愛していらっしゃいます。）

フレディ　No, no, no, no. He doesn't like a man who has a mustache. Mouthpiece. No, no, no, no.
（いや、いや、いや、いや。口ヒゲのある男は好きじゃないんだよ。マウスピースかな。いや、いや、いや、いや。）

神武　Mustache?
（口ヒゲ？）

フレディ　Hair around the mouth. El Cantare never loves

gay people. It's unfair.
(口の周(まわ)りに生えてる毛だよ。エル・カンターレは、ゲイは絶対、愛してない。フェアじゃない。)

2 フレディ・マーキュリーの考える
　　「愛」とは

ゲイになった理由は

大川紫央　なぜあなたはゲイなんですか。男の人が好きな理由は？　本能？

フレディ　I'm a god of gays.
（僕はゲイの神だから。）

大川紫央　じゃあ、女性じゃなくて男性が好きになった理由は？　なぜ？

フレディ　♪ Oh, oh, oh, oh. You too.
（オー、オー、オー、オー。君だってそうだし。）

大川紫央　いや、私違うし。

フレディ　You too. You too.
（君だってそうだよ。同じだよ。）

神武　もともと、女性と恋愛関係にあったじゃないですか。

フレディ　Yes.
（そうだよ。）

神武　女性も好き？

フレディ　I don't know.
（知らない。）

大川紫央　でも、映画（前掲「ボヘミアン・ラプソディ」。以下同）の感じだと、女性と結婚もして、好きだったけど、だんだん……。

フレディ　Bisexual.
（バイセクシュアル。）

大川紫央　バイセクシュアルじゃなくて、だんだんその男性の……。

フレディ　Transgender. Transgender and gay.
（トランスジェンダー。トランスジェンダーでゲイ。）

大川紫央　ゲイのほうに行きましたよね。

神武　バイセクシュアルだけど、男の人のほうがもっと好き？　女の人より。

フレディ　Bisexual, transgender, gay.
（バイセクシュアルでトランスジェンダーでゲイ。）

神武　あ、だんだん変わっていったんですね。やっぱり憑依現象かもしれない。変わっていったということは。

大川紫央　その理由は？　何かありますか。それとも本能で、やっぱり、そっちに惹かれていったんですか。そ

●トランスジェンダー　心と体の性が一致しない人のこと。

れとも何か、女性に傷つけられたとか、何か嫌なことが
あって、男性のほうにいったとか。

フレディ　Mmm, women are the origin of sin.
(うーん、女性は「罪の根源」だから。)

大川紫央　ああ、なるほどね。なぜ？　理由は？

フレディ　They have traps.
(女性には「罠」がある。)

神武　あ、失恋？　傷ついた？

大川紫央　もてすぎたんじゃない？

フレディ　No.
(違う。)

神武　もてなかった。もてたかったけど、もてなかった？

フレディ　I'm ugly.

（見た目が悪いからさ。）

大川紫央　ああ。歯が。teeth。

神武　歯が出ていた。

フレディ　I'm not so beautiful.

（そんなにかっこよくないし。）

大川紫央　でも、歌が売れたらもてたこともある？……なかったのかな。

フレディ　But sexy. Yeah.

（でもセクシーだけどね。そう。）

大川紫央　じゃあ、女性があまり好きになってくれなかったから、女性のことが嫌いになっちゃったんだ。

フレディ　Hmm.
（うん。）

大川紫央　男性はそうじゃなかった？

フレディ　Hmm.
（うん。）

大川紫央　男性のほうが優しかった？

フレディ　Hmm. Hmm. Hmm... difficult.
（うーん。うーん。うーん……きついなあ。）

大川紫央　でも、あの（事実上の）奥様になった方は、ずっと生涯、友人で、何かのときには支えてくれたんじゃなかったでしたっけ。

フレディ　Sometimes.
（そういうときもあったよ。）

神武　男の人に裏切られたこともありますよね。

大川紫央　そうですね。

フレディ　Hmm. Oh. Oh, I hate this world!
（うーん。ああ。ああ、こんな世界は嫌だ！）

大川紫央　そうなの？　じゃあ……。

神武　好きなものは？

フレディ　There is no freedom.
（自由がないよ。）

神武　Freedom?
（自由？）

フレディ　Freedom.
（自由。）

神武　「ゲイになる自由」みたいな？

フレディ　Hmm. It's by nature, it comes from…
（うーん。生まれつきなのよ。もともと……。）

「愛とは『物質の世界』における『表現』である」

神武　最近、周りに誰か知り合いとか、いらっしゃるんですか。地上でさまよってると思うんですけど、一緒に、さまよい……。

フレディ　Ah, Ryuho… Ryuho Okawa. I know Ryuho Okawa. I want to be a gay friend.
（ああ、リュウホウ……リュウホウ・オオカワ。リュウホウ・オオカワは知り合いだよ。ゲイ友だちになりたい。）

大川紫央　ゲイじゃないです。先生は、神として人類を愛しています。恋愛じゃない。

フレディ　Oh, me too, me too, me too. Me, too.
（ああ、僕もそうだよ、僕も、僕も。僕もそう。）

神武　（フレディも）皆を愛している、男も女も愛してると。

フレディ　Yeah, me too.
（そう、僕もそうなんだよ。）

大川紫央　でも、その「愛する」っていう意味は、どんな愛だったかな。「ラブ」って何ですか。

フレディ　Love is expression.
（「愛」とは表現です。）

神武　「何を」、エクスプレッション（表現）ですか。

フレディ　Hmm? Do good things to others. Kiss, for example, hug, for example, sex, for example.

(ん？　人に、いいことをしてあげる。キスとか、ハグとか、セックスとか。)

大川紫央　それは、かなりその、肉体的なあれですね。優しさって……。

フレディ　Expression. It's an expression. This world is a world of expression, you know? You know?
(表現。表現なのよ。この世は「表現の世界」だから。わかる？　わかるかな？)

大川紫央　もっと精神的なものですよ。

フレディ　Why? This world is a material world.
(なんで？　この世は「物質の世界」だよ。)

大川紫央　ああ、そういうこと？　唯物論系？　わからない。

フレディ　♪ Ah, ah, ah, ah, ah, ah. Uh huh, ah. Ah, ah, ah, ah, ah, ah. Ah, you hate me, that's the reason.
（アー、アー、アー……。ああ、僕が嫌いなんでしょう、だからだよ。）

大川紫央　ん？

フレディ　You hate me, that's the reason.
（僕が嫌いだからだよね。）

大川紫央　私が嫌いなの？

フレディ　You.
（君がだよ。）

大川紫央　あなたが私を嫌いなの？

フレディ　No. *You* hate me.
（違う。君が僕を嫌いだから。）

第3章　フレディ・マーキュリーの霊言②

大川紫央　私があなたを嫌いなの？　そんなことないですよ。

フレディ　That's the reason.
（だからだよ。）

大川紫央　映画を観たあと、（曲を音楽プレーヤーに）入れてましたよ。

フレディ　No, no, no, no, no.
（違う、違う、違う、違う、違う。）

神武　♪ "I was born to love you〜."
（〔歌う〕「君を愛するために生まれてきた」）

大川紫央　「We Are The Champions（ウィ　アー　ザ　チャンピオンズ）」も入ってる。

フレディ　You want to be lesbians? Lesbians? Do you have a tendency of lesbians?

(レズになりたいわけ？　レズ？　レズの気があるの？)

大川紫央　No.
(ないです。)

神武　No.
(違います。)

フレディ　You, both, friends or lovers?
(君たち二人は友だちなのか恋人同士なのか、どっち？)

大川紫央　いや、友人として、男女ともに、友人としては、みんな好きですけど、恋愛感情じゃないよね。

フレディ　It's incredible.
(信じられないなあ。)

●レズ　女性の同性愛者のこと。レズビアンの略。

「愛は肉体を通じて表現しないといけない」

大川紫央　わかった。愛が、あれなんじゃないですか。全部その……。

神武　肉体的な。

大川紫央　肉体的な、セクシャルな面での愛になってるじゃないですか。

フレディ　No. No, no, no. Spiritual *and* sexual. You have just spiritual love.
（いや。いや、いや、いや。〝精神的かつセクシャル〟なんだよ。君には「精神的な愛」しかないじゃない。）

大川紫央　Yes.
（そうですよ。）

フレディ　So, you should never stay here, in this world.

You should go back to Heaven.
(だから、この世にいたら、いけないんだよ。天国に還ったほうがいいよ。)

大川紫央　そうですね。

フレディ　You don't need any body.
(カラダなんか必要ないでしょう。)

大川紫央　ああ、じゃあ、あなたはこの世のほうが好きなんですね、実は。

フレディ　In this world, we need body, we need sex.
(この世ではカラダも必要だしセックスも必要だから。)

大川紫央　だって、あなたのいう愛だと、肉体がないと伝えられない愛でしかないから。

フレディ　Yes.

（そうだよ。）

大川紫央　そうすると天国に還れないですよ。

フレディ　That's the reason. That's the reason of this world.
（それが理由でしょう。それが、この世が存在する理由でしょう。）

神武　So, you want a body?
（じゃあ、肉体がほしいんですね。）

フレディ　Yeah. In this world, we must make expression of love through our bodies.
（うん。この世では、愛は肉体を通じて表現しないといけないから。）

大川紫央　でもあなたは、例えばお父さんやお母さんからいただいた愛情は、そういう「肉体的な愛」だけじゃ

なくて……。

フレディ　Yes.
(そうだよ。)

大川紫央　ちゃんと、「精神性の愛」をもらったでしょう？

フレディ　No, no, no, no. Physical love is first. Of course. Of course.
(いや、いや、いや、いや。まずは「肉体的な愛」だよ。当たり前でしょう。)

神武　そこだ。

大川紫央　ゲイとか、まあ、そこですね。
This point. This point makes you a ghost.
(その点。そこのせいで幽霊になってるんですよ。)

フレディ　What is the work of mother to her baby?

Physical service.
(母親の、赤ちゃんに対する仕事は何? 体を使ったお世話でしょう。)

大川紫央 エロスの限界だ。エロスだけでは、天国に上がれません。

フレディ　Why? Why?
(なんで? なんで?)

●エロス　恋愛を中心とする愛のこと。一方、知性を含んだ愛、人を指導できる高さを持つ、精神的な愛はアガペーという。

3　自分は世界的に影響力があるから「神かもしれない」

「精神的な愛」や「心」についてどう思うか

神武　あなたは霊界に還りたくない？　天国に還りたくないですか。

フレディ　Huh?
（うん？）

神武　Do you want to go to Heaven?
（天国に還りたいですか。）

フレディ　Oh. No, no, no. I just want to know the reason, the secret of God. This morning Mr. Ryuho Okawa wrote about Queen and the Beatles. And he wrote that he himself cannot understand the reason why John Lennon went back to a higher dimension and why I am still

strolling around this world.
（ああ、そうじゃなくて、理由が知りたいだけなのよ。神様の秘密が知りたいだけ。今朝、大川隆法さんはクイーンとビートルズについて書いていて、なぜジョン・レノンが高次元に還って僕がまだこの世をさまよってるのか、その理由は自分にもわからないって書いてたよ。）（注。前掲『ジョン・レノンの霊言』のまえがきに、「なぜ『クイーン』のメイン・ボーカルが死後迷っており、『ビートルズ』のメイン・ボーカルのジョン・レノンが暗殺されても、高次元に還っているのか。」とある。）

大川紫央　わかった。わかった。今度はじゃあ、ジョン・レノンさんに説明してもらえばいいんだ。なぜあなたがそうなのか、ここをさまよっているのか。

フレディ　Umm.
（うーん。）

大川紫央　神の愛っていうのは、もっと精神的なものだ

し、もっと心と心をつなぐ愛なんですよ。

フレディ　No, no, no. No, no, no, no, no! ♪ No, no! No, no!
(いや、いや、いや、いや。違う、違う！　違う、違う！)

大川紫央　神と人間は心でつながりを持ってるし、人間同士も心でつなぐ愛を説いてくださるんですよ。

フレディ　♪ No, no, no, no, no! No! No, no!
(いや、いや、いや、いや、いや！　違う！　違う、違う！)

大川紫央　あなたは「心がある」ってわかります？

フレディ　Of course.
(そりゃあ、わかるよ。)

大川紫央　心はわかります？　Not emotion.（感情じゃなくて。）

フレディ　Of course. Body is heart. Heart is body.
（もちろん。体は心で、心は体。）

大川紫央　禅問答みたいですけど。

神武　ジョン・レノンさんは尊敬していますか。

フレディ　Umm, a little.
（うん、少しは。）

神武　A little.（少しは。）じゃあ、ジョン・レノンさんに……。

大川紫央　ロック界の明暗が、ここで分かれていますのでね。

フレディ　You must explain about that.
（そこのところを説明してもらわないと。）

大川紫央　でも、あなたの歌が広がったのは、あなたの歌によって、励まされたり……。

フレディ　Yeah.
(そう。)

大川紫央　きっと、何かバイブレーションがあるから、人の心につながってるから、ヒットしてるんですよ。

フレディ　I'm called by everyone.
(皆が呼んでくれてるからね。)

大川紫央　それも愛。それも本当は、もうちょっとちゃんとそこに愛を込められていたら、それも愛のエクスプレッション（表現）なんですよ。

フレディ　Hmm.
(うーん。)

大川紫央　わかります？

フレディ　So...
（じゃあ……。）

大川紫央　それは「肉体的な愛」ではないじゃないですか。

フレディ　So I must go back to the 9th dimension.
（じゃあ、僕は九次元に還らないとおかしいじゃない。）

神武　うーん、そこまでは行かない。

大川紫央　そこまで行ってないんですよ、だから、そんな……。

フレディ　If John Lennon is a part of Jesus Christ, I must be a part of Zoroaster.
（ジョン・レノンがイエス・キリストの一部なら、僕はゾロアスターの一部でなきゃ。）

●九次元　あの世は次元構造になっていて、地球系霊団は四次元から九次元まで広がっている。九次元は、人霊として最高の世界で、仏陀やイエス、孔子、モーセ、ゾロアスターなど、10名がいる。

神武　（笑）

大川紫央　言うと思った。今、言うと思った。

自分には「影響力」や「力」がある

神武　Do you know your own past life?
（ご自分の過去世はわかりますか。）わからない？

フレディ　My past life? Maybe a bird or... something.
（過去世？　たぶん鳥か……何かじゃないの。）

大川紫央　鳥？

神武　Singing?
（歌ってた？）

フレディ　Singing and flying.
（歌って、飛んでた。）

第3章　フレディ・マーキュリーの霊言②

大川紫央　なんだろうね、でもクイーンがあれほどヒットしたのは、何か、パワーはあったんでしょうけどね。

フレディ　Yeah, God's power.
(そう、神の力。)

大川紫央　最近、〝宇宙からの電流〟もありますからね。そこに、ちゃんと天上界の流れを引いてこれたかどうかが、やっぱり、ヒットしたとしても明暗が分かれる。

フレディ　And you, Happy Science is also seeking for powers, influence to the world. So, I have that kind of influence. The people who watch my movie stand up and sing a song with us, you know? This is influence and power, what you want. I'm a god, maybe. Why am I stranded around here?
(それで、君たちハッピー・サイエンスも力を、世界に対する影響力を求めてるんでしょう。だから、僕にはそういう影響力があるわけよ。僕の映画を観た人たちは立ち

上がって一緒に歌ってたでしょ？　これこそ、君たちがほしがってる「影響力」であり「力」だよ。僕は神かもしれないのに、なんでこんなところに取り残されてるのかな。）

神武　「影響力があるだけで、神様」っていうわけじゃない。

大川紫央　神になれるわけじゃない。「悪い影響力」もあるし。「いい影響力」もあるし。

フレディ　I am more than John Lennon.
（ジョン・レノンより僕のほうが上だよ。）

大川紫央　あなたの愛に、本当の、神につながる愛が入ってて、人々にそれが伝わってたら、けっこうすごかったでしょうね。

フレディ　I saved the people with AIDS. AIDS people of

Africa.
（僕はエイズの人たちを救ったんだよ。アフリカのエイズ患者を。）

大川紫央　でも、「ボヘミアン・ラプソディ」の監督のセクハラ疑惑とか上がってるから、ちょっとなんかその……。

神武　何か性的なところに……。

大川紫央　性的なところに、ちょっと何かあるのかもしれない。

フレディ　You too, you too.
（君も、君もそうだよ。）

神武　（笑）

大川紫央　いやいやいやいや。全然違う。（笑）

肉体的な愛にこだわるフレディ

神武　あなたの考える、true love（真実の愛）は何ですか。

フレディ　Oh, fall in love and kiss other human being and do sex.
（ああ、恋をして、他の人にキスをして、セックスすること。）

神武　ハッピー・サイエンスでは、大川隆法総裁先生が、「愛は発展していく」って説かれているんですよ。

フレディ　I can't understand. What do you mean? Developing love, what do you mean?
（意味がわからない。どういう意味？　発展する愛って、どういう意味？）

神武　「愛する愛」。次は「生かす愛」「許す愛」「存在の愛」。

●愛の発展段階説　愛には発展段階があり、それは悟りの段階（あの世の次元構造）と等しいという考え。すなわち、愛には、本能の愛（四次元）、愛する愛（五次元）、生かす愛（六次元）、許す愛（七次元）、存在の愛（八次元）、救世主の愛（九次元）がある。『太陽の法』（幸福の科学出版刊）参照。

フレディ　No. Love is practical. Love is physical.
(違う。愛というのは実際的で肉体的なものであって。)

大川紫央　でも、じゃあ、あなたはクイーンのバンドのメンバーから愛をもらったことはないですか。

フレディ　Hmm...
(うーん……。)

大川紫央　そういう肉体的なものがなくても、愛をもらいませんでしたか。

フレディ　We worked together. Physically.
(一緒に仕事はしてたよ。体を使って。)

大川紫央　でも、一緒に働くなかで、仲間の優しさとかは感じませんでした？

フレディ　Yeah, of course.
(ああ、それはあったけど。)

大川紫央　それは愛じゃないですか。

フレディ　We loved each other.
（お互い、愛し合ってたから。）

大川紫央　そこにキスとか、なかったですよね。

フレディ　No, no, no, no.
（ない、ない、ない、ない。）

大川紫央　あったんですか。

フレディ　We can, of course.
（もちろん、やろうと思えばできるけど。）

神武　できるけど？

大川紫央　じゃあ、お父さんやお母さんは？

第3章　フレディ・マーキュリーの霊言②

フレディ　Oh...
(おお……。)

大川紫央　まあ、ほっぺたにキスとかあるのかもしれないけど。

フレディ　Kiss and hug and respect of course.
(キスやハグや、もちろん尊敬もしてたし。)

神武　Did you love your sister?
(妹さんのことは愛していましたか。)

フレディ　Oh, yeah, yeah, a little.
(ああ、うん、多少は。)

神武　だけど、妹さんとはフィジカル（肉体的）な関係はないですよね。

フレディ　But in the religion of Zoroaster, we can.
(まあ、ゾロアスター教では、できるんだけど。)

大川紫央　ああ、ゾロアスター教には、近親相姦(きんしんそうかん)が若干あるんですよ。昔の宗教なので。

神武　なるほど。

大川紫央　でも、あなたと観客の皆さんとの、ファンとの間に、全員にそういうフィジカルな愛はなくても、あなたはきっとファンの方からも愛をもらっていたでしょう？　あなたも与えていたかもしれないけど。

フレディ　Yeah. Now I'm spreading my AIDS love for everyone, movie watchers.
(そう。今、あの映画を観てくれた皆に、僕のエイズ・ラブを広めてるところ。)

大川紫央　わかった。やっぱりジョン・レノンさんに解説してもらおう。

第4章

ジョン・レノンの霊言

2019年2月1日　幸福の科学 特別説法堂にて

ジョン・レノン(1940 〜 1980)

イギリスのロックシンガー。1960年に「ビートルズ」を結成し、中心的メンバーとして活躍。70年の解散後はアメリカに渡り、ソロで活動すると共に平和運動も展開したが、80年、暴漢によって射殺された。彼の魂は、イエス・キリストの分身であったことが、『ジョン・レノンの霊言』(幸福の科学出版刊)によって判明している。

質問者 ※質問順

大川紫央(幸福の科学総裁補佐)

神武桜子(幸福の科学常務理事 兼 宗務本部第一秘書局長)

1 「フレディは悪魔の影響を受けていた」

ジョン・レノンとフレディ・マーキュリーの
違いとは

(第3章の収録からそのまま続けて収録。)

大川紫央　ジョン・レノンさん、ジョン・レノンさん……ジョン・レノンさん、ジョン・レノンさん……。

ジョン・レノン(以降、ジョンと表記)
I am John Lennon.
(ジョン・レノンです。)

大川紫央　早かった。

ジョン　Hi.
(こんにちは。)

大川紫央　Hi.
(こんにちは。)

神武　ありがとうございます。

大川紫央　ありがとうございます。

ジョン　OK.
(オーケー。)

大川紫央　English?
(英語ですか。)

ジョン　OK.
(いいよ。)

大川紫央　OK.
(はい。)

ジョン　English OK.
(英語でいいよ。)

神武　So what is the difference between you and Freddie Mercury?
(あなたとフレディ・マーキュリーの違いは何ですか。)

ジョン　I am a god and he is a devil.
(私は神で、彼はデビル〔悪魔〕。)

大川紫央　デビル⁉　デビルまでいく？

ジョン　Hmm.
(うん。)

大川紫央　そうなんですか。

ジョン　Devil.
(悪魔だね。)

大川紫央　やはり、「エロスの愛」の限界ですか。

ジョン　Devil. Corruption! He expressed corruption of the man and woman. Men and women.
(悪魔だよ。「堕落」だね！　彼が表現していたものは「男女の堕落」なんだよ。男性と女性の。)

神武　フレディさんは、最初は女性が好きだったけど、だんだん「バイセクシュアルからトランスジェンダー、それからゲイ」みたいな感じで、さっき言ってたんですけど、それは憑依現象だったんでしょうか。変わっていったので。

ジョン　He had influence from devil.
(悪魔の影響を受けてたからね。)

大川紫央　そうだったんですね。

神武　具体的な名前とかありますか。悪魔の名前。

ジョン　A lot of devils in this world. It's one of the Eros tendency devils. It leads to the corruption for humankind.
（この世には悪魔はいっぱいいるからさ。エロス的傾向の悪魔の一人だよ。人類を堕落に導く。）

大川紫央　確かに。人類が崩壊していくときも、性愛だけにいってしまったりしますからね。

ジョン　Yeah. No future.
（そう。未来はないよ。）

神武　（ギリシャ神話の）エロスは、one of devils?
（悪魔の一人なんですか。）

大川紫央　時と場合によるのかな。

ジョン　Eros is a bridge from Heaven to Hell.
（エロスは、天国と地獄をつなぐ〝橋〟なんだよ。）

大川紫央　なるほど。どっちにでもいく？

神武　どっちにでもなる？

大川紫央　そうですね。

フレディの曲がヒットした理由

神武　何に気をつけたらいいんでしょうか。

ジョン　He never thinks about the real God.
（彼は、真実の神について考えるってことをしないわけよ。）

大川紫央　何か、（フレディ・マーキュリーは）「愛は肉体的なもの、フィジカルなものだけだ」って考えてるみたいだったんですけど、その人たちには何て言えばいいんでしょう。

第4章　ジョン・レノンの霊言

ジョン　They, themselves and he, himself, thought that he was a god, some kind of god. But we, Beatles or John Lennon, never thought about that. We are one of the fingers of God.
（彼らは、彼は、「自分は神だ。神の一種だ」と思ってたわけだけど、私らビートルズやジョン・レノンは、そんなことは一度も思ったことはないんですよ。私たちは神の指の一本なんで。）

大川紫央　ああ、確かにマーキュリーさんは、自分のことを神だと思ってそうでしたね。

ジョン　Yes.
（そう。）

大川紫央　やっぱり、自分を「神だ」と思うのは危険なんですね。

ジョン　Yes.
（そう。）

大川紫央　「神の手足だ」と思わないと危ないですね。なるほど。なんであんなに曲はヒットしたんでしょうね。まあ一種の、何か、エネルギーはすごかったと思うんですね。

ジョン　Possession. Possession.
（憑依ですよ。憑依。）

大川紫央　Possession?
（憑依？）

神武　悪魔の？

ジョン　Like zombies.
（ゾンビみたいな。）

大川紫央　ゾンビねえ。

ジョン　Zombie possessed one after another.

（ゾンビが次々に憑依してたんだよ。）

神武 レディー・ガガさんはご存じですか。

ジョン ハイ。

神武 レディー・ガガの「ガガ」は、クイーンの歌の「RADIO GA GA」からとっているぐらい、レディー・ガガはクイーンのことが好きで、レディー・ガガ自身もバイセクシュアルだと公表しているんですけど。

ジョン Dangerous.
（危ないよね。）

大川紫央 デンジャラスですね。

ジョン Umm. We, Beatles, have love for God and love for people. And we just want to express the eternal love. A little different.

(うん。私たちビートルズには「神への愛」も「人々への愛」もあるし、やっぱり「永遠の愛」を表現したいと思ってるわけなんで、ちょっと違うんですよ。)

第4章 ジョン・レノンの霊言

2 今語られる、「Imagine（イマジン）」の歌詞の真意

「争いのために神の名を使うな」と言いたいだけ

大川紫央　ジョン・レノンさんは「Imagine（イマジン）」で「天国もない世界を想像してごらん」とか、「もうイエス様もクリシュナも要らない。僕は自分自身を信じるんだ」みたいな歌詞を書いているときも一時期あったんですけど、そのあとまた神の愛について書かれたりしていて、もしかしたらファンの方も誤解されているかもしれないんですけど、ジョン・レノンさんが本当に言いたかったこと……。

ジョン　I just want to say, "Don't use God, the name of God, for struggling." You know?
（「争いのために神を、神の名を使うな」って言いたいだけなんだけどね。わかってもらえるかなあ。）

大川紫央　神の名前を使って、何かいろいろ人間がやっ

てるのは……。

ジョン　Yeah, yeah, yeah, yeah.
(そう、そう、そう、そう。)

大川紫央　「そういうときに、神を使ってくれるな」ということですね。

ジョン　Yeah, yes.
(そう、そうなんです。)

大川紫央　なるほど。

神武　「僕(しもべ)でありなさい」と。

ジョン　Yeah.
(そう。)

大川紫央　「神の名で悪いことをするな」ということです

ね。神の名を使って。

ジョン　Yes, yes, yeah. In Christianity it's good, but in another aspect, in the name of Jesus Christ they made big wars. It's not good, I think so. In that case, I deny even Jesus Christ. Never use your faith.
(そう、そう、そう。〔宗教としての〕キリスト教のなかではよくても、〔政治等の〕別の面では、イエス・キリストの名において大きな戦争をしてきたわけで、それはよくないと思いますね。そういう場合は私だって、たとえイエス・キリストだろうと否定しますよ。信仰は絶対、利用してはいけない。)

大川紫央　「それは本物の信仰でもないし、本物のキリストでもない」と言いたいわけですね。

ジョン　Yes, yes, yes, yes.
(そう、そう、そうです、そうです。)

大川紫央 （「Imagine」では）「それは偽物のキリストだから、そんなキリストなんか捨ててしまえと」いうことを言いたかったわけですね。

ジョン　Real Jesus Christ is love, or the master of love, or great angel of love.
（本来のイエス・キリストとは愛であり、愛の大家であり、愛の大天使なので。）

愛を伝えるロックと破壊するだけのロック

大川紫央　なるほど。この間、私たち映画を観たんですよ、総裁先生と一緒に。ジョン・レノンさんの若いころの。

神武　「ノーウェアボーイ」（邦題「ノーウェアボーイ　ひとりぼっちのあいつ」2010年日本公開／イギリス映画）。

大川紫央　そうそう。「ノーウェアボーイ」を観て。でも、やっぱり、「すべてに反抗していた少年が歌に目覚めて」

第4章 ジョン・レノンの霊言

という雰囲気で描いていて、何か、単なる不良にしか見えなくて。それで、宇宙人のマッカートニーさんがちょうど空にいたから。そうしたらマッカートニーさんも、「切ないね。あれが本当のジョン・レノンではないよ」とは言ってました。その、捉えられているジョン・レノン像と、実際のジョン・レノンさんやマッカートニーさんは、やっぱりちょっと違うみたいで。そこは、何かの機会にお伝えしておいたほうがいいのかなと思いました。

ジョン　I'm aiming for guru of music world and "Love for the People" world. Mentality is very important.
（私が目指してるのは、音楽の世界と「ラブ・フォー・ザ・ピープル（人々に愛を）」の世界におけるグル〔大導師〕だから。精神性が、すごく大事なんだよ。）

大川紫央　そうですね。だから「ロック」と言っても、破壊行為だけしているロックとか、真理を壊そうとするロックと、ジョン・レノンさんたちのは違うんですよね、

●宇宙人のマッカートニー……　マッカートニーと名乗るイルカ座の惑星ミゲルの宇宙人。著者のUFOリーディングにより発見された。同宇宙人によると、ビートルズの元メンバー、ポール・マッカートニーと魂的につながりがあるという。

確かに。愛を伝えようとしているロックと、「単に破壊すればいい」というロックとか……。

神武　不満だけの。

大川紫央　何かに反抗すればいいというロック。

ジョン　Freddie Mercury is a messenger from Sodom and Gomorrah. I'm a messenger from Heaven.
(フレディ・マーキュリーは「ソドムとゴモラ」からのメッセンジャーで、私は「天国」からのメッセンジャーだからさ。)

大川紫央　ああ、退廃していくところがある……。

神武　音楽の、ミュージシャンを狙う悪魔。そういう専門というか、得意な悪魔もいるんですか。

ジョン　Yeah, yeah, yeah. In the rock world, there are

第4章　ジョン・レノンの霊言

more than half of them that belong to Hell, I think so. It's a complaint about the real world, and of course, the complaint toward God and this world, parents, or family, or companies. In some case, that is true, but in another case, it just leads to the dark world. I think so.

（そう、そう、そう。ロックの世界では、半分以上は「地獄」に属してるんじゃないかな。現実世界に対する不満だったり、やっぱり神様や、世の中や両親や家族や会社に対する不満だったり。そこに真実がある場合もあるけれど、「暗い世界」に通じていくだけの場合もあると思うよ。）

3　地獄的音楽と天国的音楽を分けるものは

フレディは「集団憑依」をつくり出している

神武　「歌のうまさ」についてお聞きしたいんですけど、例えばフレディ・マーキュリーさんはすごく声量があって、高い声も出るし、でも低い音もすごくいい声で出る。何というか、歌い方というかテクニックとして歌がうまいのと、心に響くのは、また違うと思うんです。ジョン・レノンさんは、もっと自然体な感じで歌って、大きな声はもちろん出されるけれど、張り上げてとか、「ガーッ」っていう感じではないと思っているんです。何かコツというか、歌うときのポイントを教えていただけますでしょうか。

ジョン　The music which belongs to Hell is very... how do I say... *gacha gacha* (Japanese onomatopoeia for "rough" or "coarse"), you know? You feel some kind of madness in that music, and want to dance, or some kind of madness and mental illness is there, so... But the music from Heaven is a little different. It leads to the world where you can see yourself and you can think about your life, your genuine love or love for God or love for peace of the world. It's the difference.

(「地獄に属する音楽」っていうのは、すごく……何ていうか……ガチャガチャしてるんだよね。曲のなかに狂気みたいなものが感じられて、踊りたくなったり、そこに、ある種の狂気とか心の病があって……。「天国からの音楽」は、ちょっと違って、それが連れて行ってくれる世界は、自分を見つめることができて、自分の人生について考えたり、本物の愛とか、神への愛とか、世界平和への愛を思うことができる世界。そこが違いかな。)

大川紫央　確かにジョン・レノンさんは、ある意味、「弾き語っている」ような感じにちょっと近いのかなって個人的には思いました。何だろう。「歌のうまさでバーンといく」というよりは、何か、自分たちの心を伝えるような歌い方で。

ジョン　Freddie makes mass possession in movie theaters now.
(フレディは今、映画館で集団憑依をつくり出してるんだよ。)

大川紫央　ええー!?　大変じゃん。

ジョン　Zombies, they are zombies.
(ゾンビだな。彼らはゾンビなんだよ。)

大川紫央　「We Are The Champions(ウィ アー ザ チャンピオンズ)」とか。

ジョン　Yes.
(そう。)

大川紫央　でも、あれは、「神がなくなっちゃう『We Are The Champions』」になってるんですよね。

ジョン　"Champion" means god. "We are gods." They

are singing that, "we are gods."
(「チャンピオン」っていうのは神のことだからさ。「自分たちは神だ」って。彼らが歌ってるのは、「自分たちが神なんだ」ってことなんだよ。)

大川紫央　そうですね。「自分たちが神だ」と。

ジョン　"We are, we are gods! Gods!" They sing so.
(「我らが、我らが神だ！　神だ！」。そう歌ってるんだよ。)

大川紫央　やはり、歌っている人の思想もけっこう、音楽では問われるということですね。

ジョン　But Zoroaster punishes them. Yeah.
(でも、ゾロアスターは彼らを罰するよ。そう。)

大川紫央　所属している宗教によっても、また地球の霊界としても、ちゃんと基準があるんですね。

ジョン　A little different, of course. Even the laws which were made by human beings have a difference in this world, Japanese or American or Chinese. Like that, every religion has rules.

（やっぱり、多少は違いがあるよね。人間がつくった法律にしたって、世界的に見れば違いがあるでしょう。日本とアメリカと中国では。それと同じで、宗教にもそれぞれルールがあるから。）

大川紫央　でも大きくは、共通しているところはあるんですよね。きっと、「愛の概念がどうか」とか、神に対してとか。大きいところでは共通はしているけど、やはり宗教によって多少、特色がある霊界はあると。なるほど。

心の清らかさと人を清める愛の力がなければいけない

神武　ジョン・レノンさんご自身は、同性愛については、どうお考えなんですか。

第4章　ジョン・レノンの霊言

ジョン　Uh, hmm... It sounds sad for women, I think so. And of course for men. They should love each other. It's the order of God, I think so. It's normal. Abnormal sometimes happens, I know, but it's not the road to Heaven.
(ああ、うーん……。女性にとっては残念なことに思えるけどね。まあ男性にとっても。男女が愛し合うべきだというのが、神の命じていることだと思うよ。それが正常なことであって、異常なことが起きる場合もあるのはわかるけど、天国への道じゃない。)

神武　神の創ったこの世界の仕組み、秩序に、〝ロック〟というか、反抗してはいけないということですか。

ジョン　Rock 'n' roll must be used for dictatorship or too-much-traditional corrupted society. Yeah, it's rock 'n' roll.
(ロックンロールというのは、独裁政治とか、伝統的すぎて腐ってる社会に対して使うべきものなんだよね。そう、

それがロックンロール。)

神武　では今、クイーンの映画によって、集団の憑依……。

ジョン　Zombie.
(ゾンビ。)

神武　ゾンビが出てきているところなので……。

ジョン　Yeah yeah yeah.
(そう、そう、そう。)

神武　ハッピー・サイエンスが〝ロック〟をしないといけないということですか。「ソドムとゴモラ」になりそうなところに対して。

ジョン　Umm, they must have pride in that they are leaders of the world. So they must have a pure mind in them, have love for the people to purify to go to Heaven, and must help them to purify. But they don't do that. They just... it's like dark thing, like bad emotion, fever. It's not good. A little different.

(うーん、彼らは、自分たちが世界のリーダーであることに誇りを持たないといけないんだけどね。自分の内なる心が清らかで、天国に行けるように人を清められるだけの愛があって、清らかになれるように彼らに力を貸さないといけないんだけど、それをやってないわけよ。ただもう……悪い感情とか熱狂みたいな〝ダーク〟なことばかりなんで。よくないね。ちょっと違う。)

4 「自己防衛を超える姿勢」や 「放棄 (ほうき) すること」の大切さ

大川紫央　イエス様のときもそうだったと思うんですけど、イエス様も、自分には「天なる父がいる」ということをおっしゃっていて、要するに、「自分はそのメッセージを伝えている」ということを、ちゃんとおっしゃっていたんですけど。

ジョン　Yeah, yeah, yeah, yeah, yeah, yeah.
(そう、そう、そう、そう、そう、そう。)

大川紫央　現代は、やはり〝小さな神様〟がたくさんいるんですよね。

ジョン　Yeah, yeah, yeah, yeah, yeah, yeah.
(そう、そう、そう、そう、そう、そう。)

大川紫央　自分のことを「神だ」と思っている人たち？

ジョン　Yeah, yeah, yeah, yeah.
（そう、そう、そう、そう。）

大川紫央　「イエス様のような高次元霊のほうが、自分のことをそう言わない」という構造になっていて。

ジョン　Yeah, yeah, yeah.
（そう、そう、そう。）

大川紫央　総裁先生を見ていても、「エル・カンターレだ」とはおっしゃっているけど、とっても謙虚で、ご自分が神だとしても、〝小さい神〟が言っているような傲慢とかが全然ないんですよ。そういう精神になるためには、どうすればいいんでしょう。その〝小さい神様〟たちだと、そもそも言うことを聞いてくれないから、なかなか改善してあげようがないというか。で、本当に偉い神様ほど、そうなっていなくて。本当の神様は皆、そんなに偉そうにしないのに、「どうしてこうなるんだろう。現代は難しいな」と思って。

ジョン　It's a problem of self-protection. Self-protection is a rule of living things, for example worms or animals, like that, or even the plants. Yeah, self-protection is a common attitude of common people and common animals, or things like that. But the greater people or greater existences are beyond self-protection. They sometimes go beyond their self-protection and give love to others and do sacred things to save other people.

(それは自己防衛の問題だね。自己防衛というのは、生あるものの法則なんだよ。虫とか動物とかがそうだし、植物もそう。自己防衛は、普通の人間や普通の動物なんかの普通の態度なんだけど、偉大な人物というか偉大な存在は、自己防衛を超えてるんだよね。自己防衛を超えて、人に愛を与えたり、人を救うために聖なる行動に出ることがあるわけさ。)

大川紫央　そうですね。イエス様を見ても、総裁先生を見ても、自分のことじゃなくて、要するに、本当は他人のこととか世界のことばかりを考えているんですけど、

それを心のなかで考えていらっしゃるから、「見えない人には見えないし、見える人には見える」というところはありますよね。そこが、でも、全然違うんですよね。自分のことだけ考えている人たちとは。

ジョン　They think that this world is changing and not immortal. They believe that the real immortal and eternal world is essential and that this world is false, it's a shadow, just a shadow of Heaven. So, they can divide shadow from light. And Freddie is dancing in the shadow.
(そういう人は、「この世は変わりゆく世界であり、不滅のものではない」と思ってるんだよね。「真に不滅で永遠の世界こそが本質であり、この世は仮の世で、天国の影にすぎない」と信じてるから、光と影を区別することができる。フレディは影のなかで踊ってるのさ。)

大川紫央　フレディさんは自分が神だと思っているから、たぶん、よけい、天上界に上がれない感じになってます

もんね。

ジョン　He needs abandonment. Abandon. He must abandon something. He must abandon his fame. He must abandon his popularity. He must abandon his income. He must abandon the admiration from the people of the world.
(彼に必要なことは「放棄(ほうき)」なんだよ。放棄する。捨てなきゃいけないものがある。名声を捨て、人気を捨て、収入を捨て、世界中の人から寄せられる称賛も捨てないと駄目なんです。)

大川紫央　なるほど。本当は、たくさんのものを持っていて、捨てられてないんですね。だから、この世に執着が残っちゃってる。

ジョン　Yes, yes, yes.
(そう、そう、その通り。)

5　生前と現在の、
　　宇宙人とのコンタクトについて明かす

ジョン・レノンにはまだ地球で使命がある

ジョン　Is it enough?
（こんなところでいいかな。）

神武　最後に、せっかくなので、生前ジョン・レノンさんは、宇宙人とコンタクトをしたとか……。

ジョン　Yes.
（はい。）

神武　ＵＦＯを見ていたとか……。

ジョン　Yes.
（はい。）

神武　実際に、ＵＦＯを見たときのインタビュー映像も残っていたりするんですけど……。

ジョン　Yes, yes, yes.
（はい、はい、はい。）

神武　どういう宇宙人と接触してたんですか。

ジョン　Mmm.
（うーん。）

神武　どこの星かとか、わかりますか。

大川紫央　小さい昆虫みたいな……。

ジョン　Bug, bug-like, bug, ah yeah, bug, or yeah, insect-like space-people. It's not so beautiful. Ugly like… oh, beetle-like, for example, a beetle-like insect.
（虫、虫みたいな、ああそう、虫か、そう、昆虫みたいな

宇宙人で、あまり美しくはないな。かっこ悪くて、ちょうど……ああ、ビートル〔甲虫〕みたいな、言ってみればビートルみたいな昆虫だね。）

神武　ああ、「ビートルズ」だから？

大川紫央　金の卵があったじゃないですか。

神武　もらったやつ。

ジョン　Yes, yes, yes.
（ああ、あった、あった。）

大川紫央　ユリ・ゲラーが持ってるやつ。

ジョン　Yes, yes.
（はい、はい。）

●ユリ・ゲラーが……　超能力者ユリ・ゲラーが2004年、メディアに明かしたことによれば、ジョン・レノンは生前、宇宙人とコンタクトしたことをゲラーに打ち明け、宇宙人からプレゼントされたという金の卵のようなものをゲラーに渡したという。

大川紫央　あれは、何なんでしょう。

ジョン　I don't know. That's a gift from them.
(わからない。彼らがプレゼントしてくれたんだけど。)

大川紫央　ギフト？　ふーん。

神武　Did they send you any message?
(何かメッセージを送ってきましたか。)

ジョン　Yes, they said, "You have a mission." They said so. Mission for the world, for God, for the space people. They said so, but I cannot understand completely.
(うん。「あなたには使命がある」って言ってたな。そう言ってた。「世界に対する、神に対する、宇宙人に対する使命がある」って言ってたよ。全部は理解できなかったけど。)

神武　その人たちと今、交流はあったりしますか。

第4章　ジョン・レノンの霊言

ジョン　Yes, yes, yes. Paul McCartney has a space people soulmate. He sometimes contacts me and invites me. "Why don't you go back to another space world?" he says. But I said I still have works in this world on Earth, so I cannot go with him. But in the near future, I will think about that. I must do something, especially for Happy Science, so I must assist you now. I'm assisting your artistic world or field. So, I still have mission on Earth.

（ああ、あるある。ポール・マッカートニーに宇宙人のソウルメイトがいて、時々コンタクトしてきて「別の宇宙の世界に帰ろうよ」って誘われるんだけど、「まだこの地球の世界で仕事があるから、一緒には行けない」って言ってるんだよ。まあ、近いうちには考えてみるけどね。やるべきことがあるから。特にハッピー・サイエンスのために、今は君たちのお手伝いをしないといけないからさ。君たちの芸術・芸能分野を手伝ってるところなんで、まだ地球で使命があるんだよ。）

●今は君たちのお手伝いを……　2015年公開の映画「UFO学園の秘密」（製作総指揮・原案 大川隆法）の挿入歌「LOST LOVE（ロストラブ）」、2019年2月22日公開の映画「僕の彼女は魔法使い」の挿入歌「君の魔法に魅せられて」の原曲は、ジョン・レノン霊の支援によるものである。

大川紫央　なるほど。

神武　ありがとうございます。

大川紫央　ちなみに、UFOに乗ったことは？

ジョン　Hmm, uh!
(うーん、ああ！)

大川紫央　ジョン・レノンさん自身としては、そんなにないですか。

ジョン　In my dream, I experienced. But in reality, I'm not sure about that. In reality, I saw UFOs and I saw insect-like space people. It's a reality, but you mean space abduction? In my dream, I experienced, but in reality I'm not sure about that.
(夢のなかでは経験したけど、現実には、よくわからないなあ。現実にあったこととしては、UFOは見たし、昆

虫みたいな宇宙人も見たし、それは現実だけど、宇宙へのアブダクションのことを言ってるのかな。夢のなかでは経験したけど、現実にはわからない。)

エルヴィス・プレスリーは天国に還っているか

大川紫央　最後にいいですか。ちょっとまた話は宇宙から変わるんですけど、エルヴィス・プレスリーっているじゃないですか。

ジョン　Yes.
（いるね。）

大川紫央　彼は、天国？ 地獄？

ジョン　Maybe Heaven.
（たぶん、天国かな。）

大川紫央　ああ、そうですか。ジョン・レノンさんも確

●エルヴィス・プレスリー　1935年〜1977年。アメリカのミュージシャン、映画俳優。ロックを普及させ、後世のミュージシャンに多大な影響を与えた。

か、エルヴィスに影響を受けて音楽の世界に入られたので。ロックの大スターでもあるわけですけど、じゃあいちおう、天国には還られていると思われる？

ジョン　Maybe.
（たぶんね。）

神武　亡くなり方が、あまりよくなかったと言われています……。

ジョン　Maybe, maybe, maybe.
（たぶんね、たぶん。）

大川紫央　Thank you very much.
（ありがとうございます。）

ジョン　Maybe Elvis Presley will help TOKMA.
（たぶんエルヴィス・プレスリーは、トクマに力を貸して

●トクマに……　2012年、トクマ氏（当時・幸福実現党青年局長）は東京都知事選に立候補した。その際の応援歌「ENDLESS LOVE FOR TOKYO（東京、わが愛）」の英語版の歌詞は、エルヴィス・プレスリーの霊示によるものだった。

くれるよ。)

神武　「ENDLESS LOVE FOR TOKYO（東京、わが愛）」
のとき？

大川紫央　ああ！　あれ、エルヴィス？

神武　あの歌詞は、エルヴィス・プレスリーの霊示です。

大川紫央　えっ!?　そうだったっけ？

神武　作曲はTOKMAで。

大川紫央　なんだ、すごいじゃん。すごいじゃん。あ、
これまた入っちゃった（笑）。

ジョン　OK? OK? OK? Panda *kofun*, OK?
（大丈夫？　オーケー？　オーケー？　パンダ、コーフン、
オーケー？）

大川紫央　パンダ興奮！　いいですね。

神武　ありがとうございます。

ジョン　OK? It's OK? Thank you very much.
（オーケー？　いいかな。どうもありがとう。）

大川紫央・神武　Thank you very much.
（ありがとうございました。）

●パンダ……　大川紫央総裁補佐は「パンダ」と自称することがある。

あとがき

　世界ではＬＧＢＴの権利拡大がブームである。カナダのように、首相自ら、過去の法制で少数者を迫害したと反省してみせる国もある。

　あまり関係のなさそうな日本でも、「婚姻(こんいん)は、両性の合意のみに基いて成立し」という憲法の条文が、平等性に反するし、民法なども間違っているという論調が強くなってきた。訴訟も増えてきたし、地方自治体レベルでは、同性婚にも証明書を発行するところも出てきた。

　弱者を迫害してはならないという考えには私も賛成だ。しかし、某大手左翼紙のように、解離性同一性障害の人は、いくつかの心がある（男性、女性）といった論調は、「憑(ひょう)依(い)」という宗教現象を魂のオリジナルな個性と誤解しているという間違いがある。基本は「ノーマル」であるべきだ。しかし、そうでない者を「魔女狩り」する社会に

なるまで極端であってはならない。これが地球神の現在の考えだ。

2019年2月19日

幸福の科学グループ創始者兼総裁

大川隆法

『公開霊言　ＱＵＥＥＮのボーカリスト
　　　　フレディ・マーキュリーの栄光と代償』
　　　　　　　　　　　　大川隆法著作関連書籍

『太陽の法』（幸福の科学出版刊）

『正義の法』（同上）

『信仰の法』（同上）

『ジョン・レノンの霊言』（同上）

『イエス・キリストに聞く「同性婚問題」』（同上）

『ゾロアスターとマイトレーヤーの降臨』（同上）

『UFOリーディングⅠ』（同上）

『UFOリーディングⅡ』（同上）

『「UFOリーディング」写真集』（同上）

『天照大神の未来記』（同上）

※下記は書店では取り扱っておりません。最寄りの精舎・支部・拠点までお問い合わせください。

『イエス・キリストの宇宙人リーディング』（宗教法人幸福の科学刊）

公開霊言　QUEENのボーカリスト　フレディ・マーキュリーの栄光と代償

2019年2月20日　初版第1刷

著　者　　大川隆法

発行所　　幸福の科学出版株式会社

〒107-0052　東京都港区赤坂2丁目10番14号
TEL(03)5573-7700
https://www.irhpress.co.jp/

印刷・製本　　株式会社 研文社

落丁・乱丁本はおとりかえいたします
©Ryuho Okawa 2019. Printed in Japan. 検印省略
ISBN 978-4-8233-0060-8 C0030
カバー Shutterstock/nd3000
p.87 Aleksandar Todorovic/Shutterstock.com
装丁・写真（上記・パブリックドメインを除く）© 幸福の科学

大川隆法「法シリーズ」・最新刊

青銅の法

法シリーズ第25作

人類のルーツに目覚め、愛に生きる

限りある人生のなかで、
永遠の真理をつかむ──。
地球の起源と未来、宇宙の神秘、
そして「愛」の持つ力を明かした、
待望の法シリーズ最新刊。

第1章 情熱の高め方
── 無私のリーダーシップを目指す生き方

第2章 自己犠牲の精神
── 世のため人のために尽くす生き方

第3章 青銅の扉
── 現代の国際社会で求められる信仰者の生き方

第4章 宇宙時代の幕開け
── 自由、民主、信仰を広げるミッションに生きる

第5章 愛を広げる力
── あなたを突き動かす「神の愛」のエネルギー

2,000円（税別）

映画「僕の彼女は魔法使い」主題歌 **Hold On** ホールド・オン

CD

定価 2,000円（税込）

CD＋DVD

定価 5,000円（税込）

作詞・作曲 大川隆法
歌 大川咲也加
編曲 大川咲也加　水澤有一

全国のCDショップ※、
Amazonにてお求め
いただけます。

※一部お取扱いのない店舗もございます。

幸福の科学出版

幸福の科学グループのご案内

宗教、教育、政治、出版などの活動を通じて、地球的ユートピアの実現を目指しています。

幸福の科学

1986年に立宗。信仰の対象は、地球系霊団の最高大霊、主エル・カンターレ。世界100カ国以上の国々に信者を持ち、全人類救済という尊い使命のもと、信者は、「愛」と「悟り」と「ユートピア建設」の教えの実践、伝道に励んでいます。

(2019年2月現在)

愛　幸福の科学の「愛」とは、与える愛です。これは、仏教の慈悲や布施の精神と同じことです。信者は、仏法真理をお伝えすることを通して、多くの方に幸福な人生を送っていただくための活動に励んでいます。

悟り　「悟り」とは、自らが仏の子であることを知るということです。教学や精神統一によって心を磨き、智慧を得て悩みを解決すると共に、天使・菩薩の境地を目指し、より多くの人を救える力を身につけていきます。

ユートピア建設　私たち人間は、地上に理想世界を建設するという尊い使命を持って生まれてきています。社会の悪を押しとどめ、善を推し進めるために、信者はさまざまな活動に積極的に参加しています。

国内外の世界で貧困や災害、心の病で苦しんでいる人々に対しては、現地メンバーや支援団体と連携して、物心両面にわたり、あらゆる手段で手を差し伸べています。

年間約2万人の自殺者を減らすため、全国各地で街頭キャンペーンを展開しています。

公式サイト **www.withyou-hs.net**

ヘレン・ケラーを理想として活動する、ハンディキャップを持つ方とボランティアの会です。視聴覚障害者、肢体不自由な方々に仏法真理を学んでいただくための、さまざまなサポートをしています。

公式サイト **www.helen-hs.net**

入会のご案内

幸福の科学では、大川隆法総裁が説く仏法真理をもとに、「どうすれば幸福になれるのか、また、他の人を幸福にできるのか」を学び、実践しています。

仏法真理を学んでみたい方へ

大川隆法総裁の教えを信じ、学ぼうとする方なら、どなたでも入会できます。入会された方には、『入会版「正心法語」』が授与されます。

ネット入会 入会ご希望の方はネットからも入会できます。

happy-science.jp/joinus

信仰をさらに深めたい方へ

仏弟子としてさらに信仰を深めたい方は、仏・法・僧の三宝への帰依を誓う「三帰誓願式」を受けることができます。三帰誓願者には、『仏説・正心法語』『祈願文①』『祈願文②』『エル・カンターレへの祈り』が授与されます。

幸福の科学 サービスセンター
TEL **03-5793-1727**

受付時間/
火～金:10～20時
土・日祝:10～18時
（月曜を除く）

幸福の科学 公式サイト
happy-science.jp

幸福の科学グループの教育・人材養成事業

教育 ハッピー・サイエンス・ユニバーシティ
Happy Science University

ハッピー・サイエンス・ユニバーシティとは

ハッピー・サイエンス・ユニバーシティ(HSU)は、大川隆法総裁が設立された「現代の松下村塾」であり、「日本発の本格私学」です。
建学の精神として「幸福の探究と新文明の創造」を掲げ、チャレンジ精神にあふれ、新時代を切り拓く人材の輩出を目指します。

人間幸福学部　　経営成功学部　　未来産業学部

HSU長生キャンパス　TEL **0475-32-7770**
〒299-4325　千葉県長生郡長生村一松丙4427-1

未来創造学部

HSU未来創造・東京キャンパス
TEL **03-3699-7707**
〒136-0076　東京都江東区南砂2-6-5　公式サイト **happy-science.university**

学校法人 幸福の科学学園

学校法人 幸福の科学学園は、幸福の科学の教育理念のもとにつくられた教育機関です。人間にとって最も大切な宗教教育の導入を通じて精神性を高めながら、ユートピア建設に貢献する人材輩出を目指しています。

幸福の科学学園
中学校・高等学校（那須本校）
2010年4月開校・栃木県那須郡（男女共学・全寮制）
TEL **0287-75-7777**　公式サイト **happy-science.ac.jp**

関西中学校・高等学校（関西校）
2013年4月開校・滋賀県大津市（男女共学・寮及び通学）
TEL **077-573-7774**　公式サイト **kansai.happy-science.ac.jp**

幸福の科学グループの教育・人材養成事業

仏法真理塾「サクセスNo.1」

全国に本校・拠点・支部校を展開する、幸福の科学による信仰教育の機関です。小学生・中学生・高校生を対象に、信仰教育・徳育にウエイトを置きつつ、将来、社会人として活躍するための学力養成にも力を注いでいます。
TEL 03-5750-0747(東京本校)

エンゼルプランV　TEL 03-5750-0757
幼少時からの心の教育を大切にして、信仰をベースにした幼児教育を行っています。

不登校児支援スクール「ネバー・マインド」　TEL 03-5750-1741
心の面からのアプローチを重視して、不登校の子供たちを支援しています。

ユー・アー・エンゼル！(あなたは天使！)運動
一般社団法人 ユー・アー・エンゼル　TEL 03-6426-7797
障害児の不安や悩みに取り組み、ご両親を励まし、勇気づける、
障害児支援のボランティア運動を展開しています。

NPO活動支援

学校からのいじめ追放を目指し、さまざまな社会提言をしています。また、各地でのシンポジウムや学校への啓発ポスター掲示等に取り組む一般財団法人「いじめから子供を守ろうネットワーク」を支援しています。
公式サイト mamoro.org　**ブログ blog.mamoro.org**
相談窓口 TEL.03-5544-8989

百歳まで生きる会

「百歳まで生きる会」は、生涯現役人生を掲げ、友達づくり、生きがいづくりをめざしている幸福の科学のシニア信者の集まりです。

シニア・プラン21

生涯反省で人生を再生・新生し、希望に満ちた生涯現役人生を生きる仏法真理道場です。定期的に開催される研修には、年齢を問わず、多くの方が参加しています。全国168カ所、海外12カ所で開校中。

【東京校】**TEL 03-6384-0778**　**FAX 03-6384-0779**
メール **senior-plan@kofuku-no-kagaku.or.jp**

幸福の科学グループ事業

○政治

幸福実現党

幸福実現党 釋量子サイト
shaku-ryoko.net

Twitter
釋量子@shakuryoko
で検索

党の機関紙
「幸福実現NEWS」

ないゆうがいかん
内憂外患の国難に立ち向かうべく、2009年5月に幸福実現党を立党しました。創立者である大川隆法党総裁の精神的指導のもと、宗教だけでは解決できない問題に取り組み、幸福を具体化するための力になっています。

 ## 幸福実現党 党員募集中

あなたも幸福を実現する政治に参画しませんか。

○ 幸福実現党の理念と綱領、政策に賛同する18歳以上の方なら、どなたでも参加いただけます。
○ 党費：正党員（年額5千円[学生 年額2千円]）、特別党員（年額10万円以上）、家族党員（年額2千円）
○ 党員資格は党費を入金された日から1年間です。
○ 正党員、特別党員の皆様には機関紙「幸福実現NEWS（党員版）」が送付されます。

＊申込書は、下記、幸福実現党公式サイトでダウンロードできます。
住所：〒107-0052　東京都港区赤坂2-10-8 6階 幸福実現党本部

TEL 03-6441-0754　FAX 03-6441-0764
公式サイト hr-party.jp　若者向け政治サイト truthyouth.jp

幸福の科学グループ事業

幸福の科学出版

出版メディア事業

大川隆法総裁の仏法真理の書を中心に、ビジネス、自己啓発、小説など、さまざまなジャンルの書籍・雑誌を出版しています。他にも、映画事業、文学・学術発展のための振興事業、テレビ・ラジオ番組の提供など、幸福の科学文化を広げる事業を行っています。

アー・ユー・ハッピー？
are-you-happy.com

ザ・リバティ
the-liberty.com

幸福の科学出版
TEL 03-5573-7700
公式サイト **irhpress.co.jp**

ザ・ファクト
マスコミが報道しない「事実」を世界に伝えるネット・オピニオン番組

YouTubeにて随時好評配信中！

ザ・ファクト 検索

芸能文化事業

ニュースター・プロダクション

「新時代の美」を創造する芸能プロダクションです。多くの方々に良き感化を与えられるような魅力あふれるタレントを世に送り出すべく、日々、活動しています。

公式サイト **newstarpro.co.jp**

ARI Production
（アリ プロダクション）

タレント一人ひとりの個性や魅力を引き出し、「新時代を創造するエンターテインメント」をコンセプトに、世の中に精神的価値のある作品を提供していく芸能プロダクションです。

公式サイト **aripro.co.jp**

大川隆法　講演会のご案内

大川隆法総裁の講演会が全国各地で開催されています。講演のなかでは、毎回、「世界教師」としての立場から、幸福な人生を生きるための心の教えをはじめ、世界各地で起きている宗教対立、紛争、国際政治や経済といった時事問題に対する指針など、日本と世界がさらなる繁栄の未来を実現するための道筋が示されています。

2018年12月11日 幕張メッセ「奇跡を起こす力」

2018年7月4日 さいたまスーパーアリーナ「宇宙時代の幕開け」

2017年8月2日 東京ドーム「人類の選択」

2018年10月7日 ザ・リッツカールトン ベルリン（ドイツ）「Love for the Future」

2019年1月26日 広島県立文化芸術ホール「未来への希望」

講演会には、どなたでもご参加いただけます。
最新の講演会の開催情報はこちらへ。 ⇒　大川隆法総裁公式サイト
https://ryuho-okawa.org